Ines Kollwitz

Strick-lieblinge

Ponchos, Shrugs & Tücher

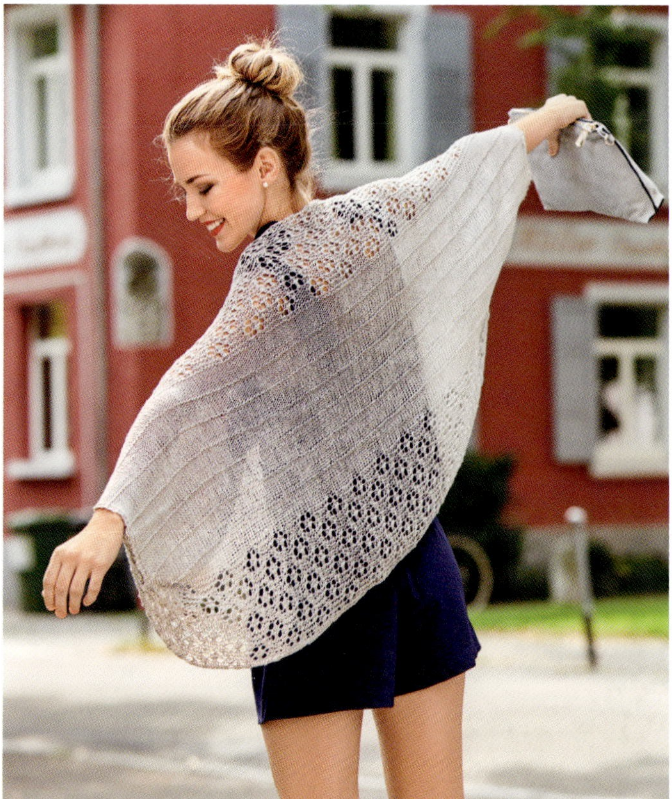

Liebe Strickfans,

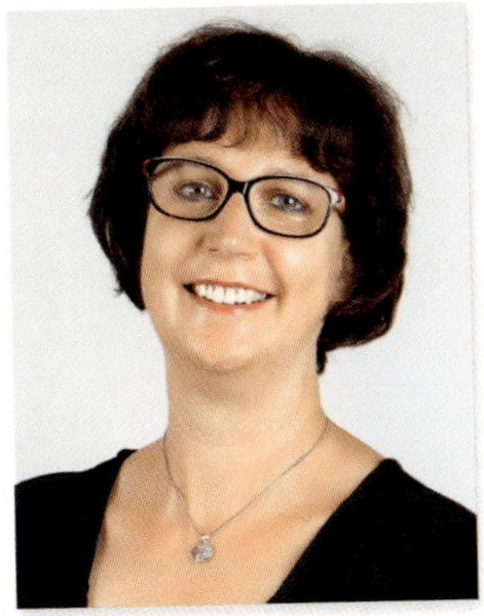

ich liebe das Stricken und kann einer schönen Wolle nur schwer widerstehen. Wie ist das mit Ihnen? Die meisten unter Ihnen werden wahrscheinlich andächtig nicken. Ich hoffe, ich kann Ihnen meine Leidenschaft und Freude am Stricken durch dieses Buch weitergeben.

Ich hatte zuletzt als Teenager einen Pullover gestrickt, als ich im Jahre 2013 das Stricken für mich wiederentdeckte – seither lege ich die Stricknadeln kaum mehr aus der Hand. Schon ein Jahr später verkaufte ich meine ersten Strickanleitungen im Internet und startete meinen Blog. Mein Strickblog (www.will-stricken.de) sagt schon durch seinen Namen, worum es geht. Ich tüftele immer wieder an neuen Inhalten, Ideen, Tutorials und vielen praktischen Tipps & Tricks, um meinen Lesern das schönste Hobby der Welt näherzubringen. Auf meiner Website (www.ines-kollwitz.de) berichte ich alles Neue rund um meine Strickdesigns, Veröffentlichungen und natürlich auch gleich nach Erscheinen über dieses Buch.

Ich wünsche Ihnen viel Freude beim Nachstricken der Ponchos, Shrugs & Tücher!

Eine kreative Zeit wünscht

Ines Kollwitz

Schwierigkeitsgrade der Modelle

* = einfach
** = mittel
*** = anspruchsvoller

Inhalt

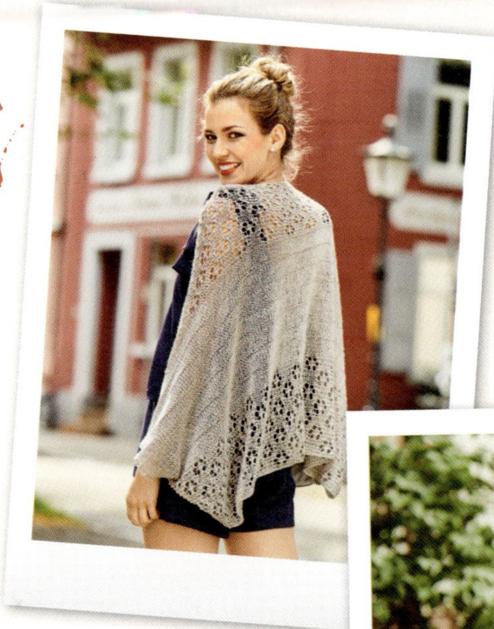

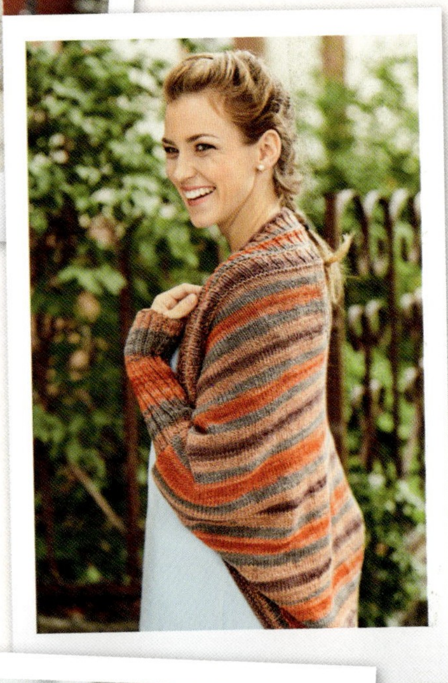

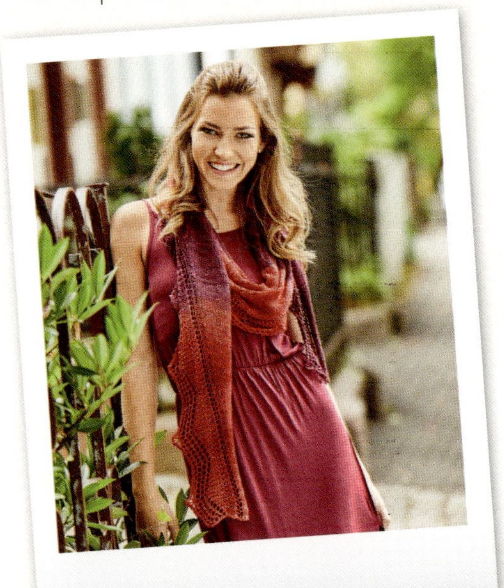

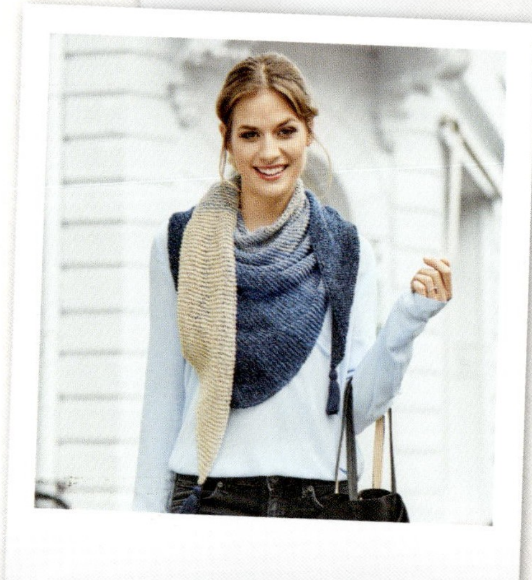

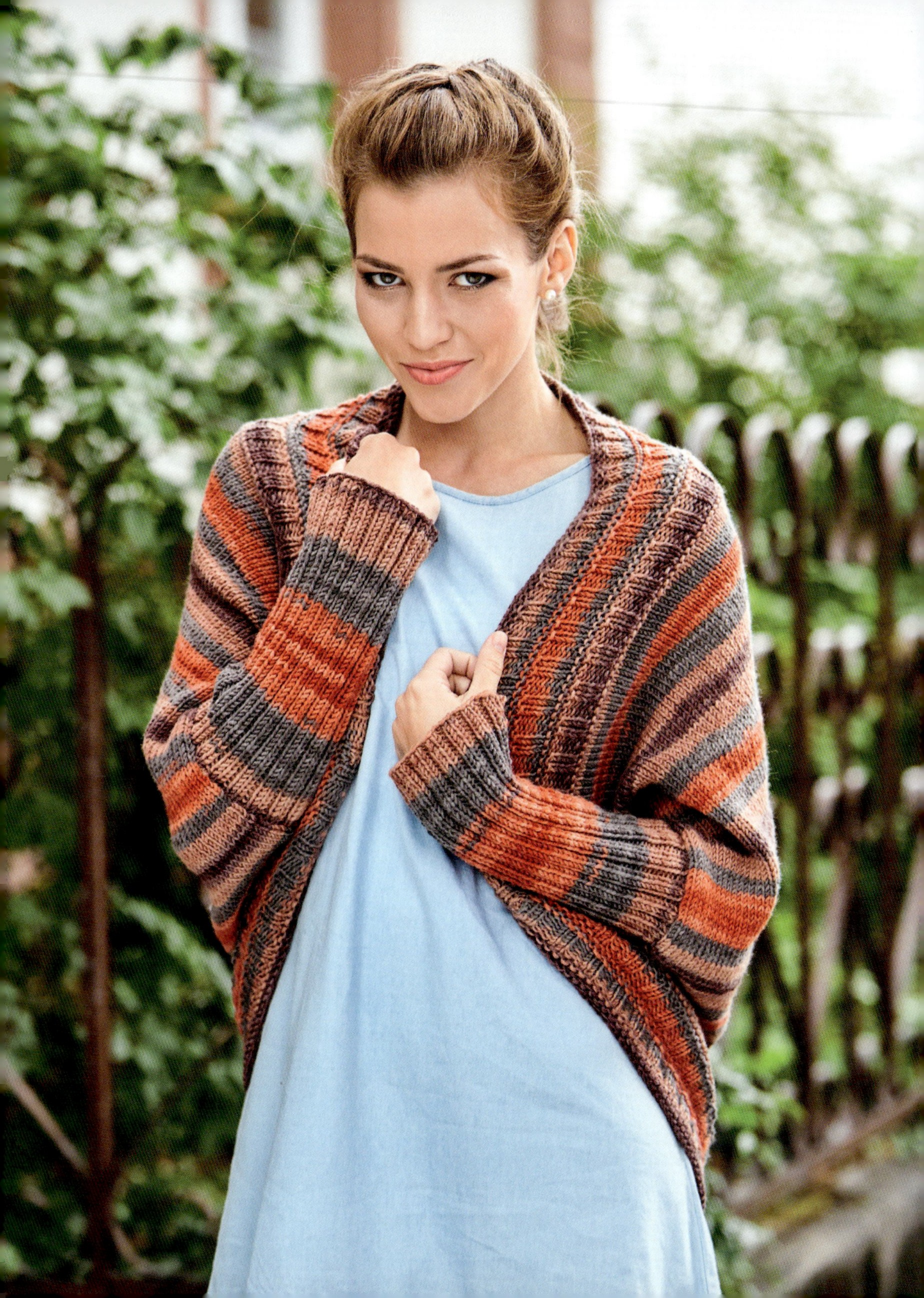

Abendrot

Shrug mit Rippen- und Kraus-rechts-Streifen *

Einheitsgröße S–M (L)

Material

- Lang Yarns „Merino+ Color" (100 % Schurwolle, Lauflänge ca. 180 m/100 g): 600 (700) g Braun-Orange
- Rundstricknadel Nr. 5

Hinweis: Die Angaben für die Größe S–M stehen vor der Klammer, die Angaben für die Größe L stehen in den Klammern. Ist nur eine Angabe gemacht, gilt sie für beide Größen.

Randmaschen: Hinreihe rechts, Rückreihe links stricken.

Grundmuster: Maschenzahl teilbar durch 4. Laut Strickschrift arbeiten. Es sind nur die Hinreihen gezeichnet. In den Rückreihen alle Maschen stricken, wie sie erscheinen, bzw. in den Kraus-rechts-Reihen auch die Rückreihen rechts stricken. In der Breite den Mustersatz stets wiederholen.

Glatt rechts: Hinreihe rechte Maschen, Rückreihe linke Maschen stricken.

Rippenmuster: In Hin- und Rückreihe 2 Maschen rechts, 2 Maschen links im Wechsel stricken.

Maschenprobe im Grundmuster: 20 Maschen und 29 Reihen = 10 x 10 cm; **glatt rechts:** 19 Maschen und 29 Reihen = 10 x 10 cm

So wird's gemacht

Es wird in Reihen von unten nach oben gestrickt. 154 (186) Maschen (inklusive 2 Randmaschen) anschlagen. Zwischen den Randmaschen das Grundmuster wie folgt stricken: 1 x die 1.–20. Reihe des Grundmusters, dann noch 1 x die 1.–12. Reihe des Grundmusters.

Anschließend ca. 63 cm glatt rechts stricken. Passend mit dem Farbwechsel im Garn wieder mit dem Grundmuster beginnen und wie folgt stricken: 1 x die 3.–20. Reihe des Grundmusters, dann noch 1 x die 1.–14. Reihe des Grundmusters. Anschließend alle Maschen abketten.

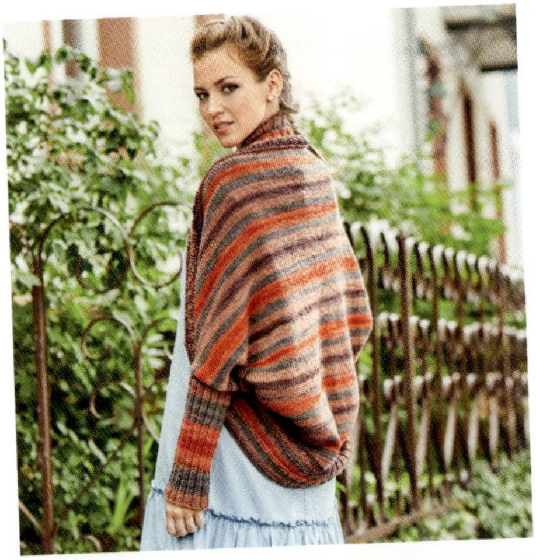

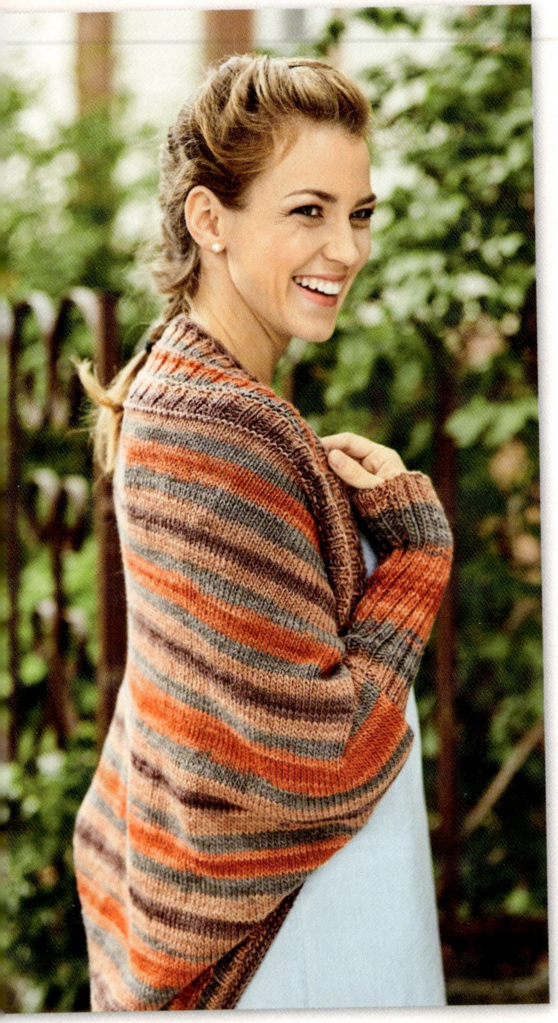

Fertigstellung: Alle Fäden vernähen. Anschlag- und Abkettkante aufeinanderlegen und auf beiden Seiten die obere Mitte markieren. Es entsteht ein Rechteck von ca. 81 (98) cm Breite und ca. 42 cm Höhe. Für die Ärmel an den Armausschnitten auf beiden Seiten der Markierung (= * im Schnitt) über je etwa 15 cm 58 Maschen auffassen. Eine Rückreihe linke Maschen stricken, danach zwischen den beiden Randmaschen im Rippenmuster arbeiten. Nach etwa 25–30 cm Ärmellänge alle Maschen im Muster abketten. Die untere Ärmelnaht und die anschließende Seitennaht schließen.

Strickschrift

4	3	2	1	
I	I	–	–	19
I	I	–	–	17
I	I	–	–	15
X	X	X	X	13
X	X	X	X	11
–	–	I	I	9
–	–	I	I	7
–	–	I	I	5
X	X	X	X	3
X	X	X	X	1
Mustersatz				

Zeichenerklärung

I = 1 Masche rechts

– = 1 Masche links

X = 1 Masche kraus rechts stricken (= in Hin- und Rückreihe rechts stricken)

Schnittzeichnung

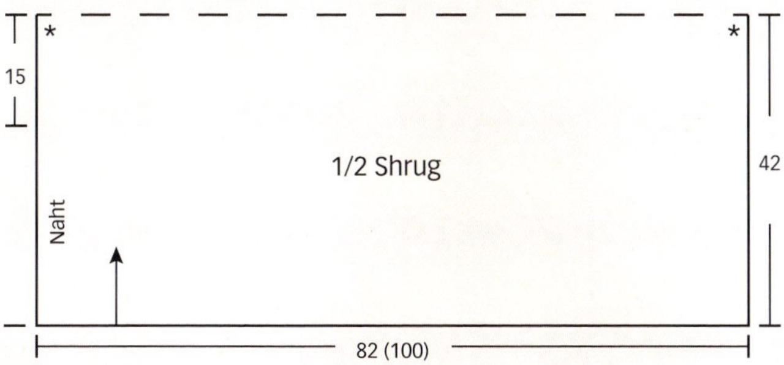

Edles Grau

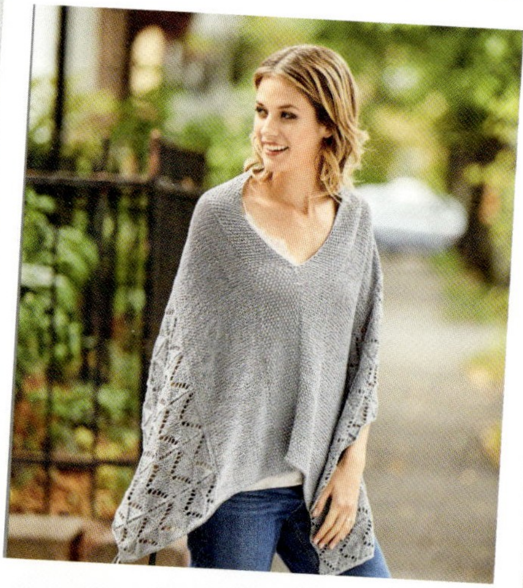

Poncho mit Ajourmuster **

Einheitsgröße S–L

Material

- Katia Concept „All Seasons Cotton" (100 % Baumwolle, Lauflänge ca. 130 m/50 g): 300 g Mittelgrau
- Rundstricknadel Nr. 4

Randmaschen: Der Patentrand wird über die ersten und die letzten 3 Maschen jeder Reihe gestrickt. In der **Hinreihe am Reihenanfang:** 1 Masche rechts verschränkt, 1 Masche abheben, dabei den Faden vor der Arbeit weiterführen, 1 Masche rechts stricken; **am Reihenende:** 1 Masche rechts, 1 Masche abheben, dabei den Faden vor der Arbeit weiterführen, 1 Masche rechts stricken. In der **Rückreihe am Reihenanfang:** 1 Masche abheben, dabei den Faden vor der Arbeit weiterführen, 1 Masche rechts, 1 Masche abheben, dabei den Faden vor der Arbeit weiterführen; **am Reihenende:** 1 Masche abheben, dabei den Faden vor der Arbeit weiterführen, 1 Masche rechts, 1 Masche abheben, dabei den Faden vor der Arbeit weiterführen.

Grundmuster: Maschenzahl teilbar durch 13. Laut Strickschrift arbeiten. Es sind die Hin- und Rückreihen gezeichnet. Den Mustersatz innerhalb der Reihe 18 x stricken. Die 1.–12. Reihe stets wiederholen.

Glatt rechts: Hinreihe rechte Maschen, Rückreihe linke Maschen stricken.

Perlmuster: In der Hinreihe 1 Masche rechts, 1 Masche links im Wechsel stricken, in der Rückreihe 1 Masche links, 1 Masche rechts im Wechsel stricken.

Maschenprobe im Grundmuster: 16 Maschen und 22 Reihen = 10 x 10 cm (nach dem Spannen)

So wird's gemacht

Es wird in Reihen von unten nach oben gestrickt. 240 Maschen anschlagen. Zwischen den Randmaschen im Grundmuster arbeiten, die 1.–12. Reihe der Strickschrift 5 x stricken. Nun ca. 20 cm glatt rechts stricken. Dann 7 cm im Perlmuster arbeiten. Anschließend alle Maschen im Muster abketten.

Fertigstellung: Das Strickstück im Wollwaschgang waschen, spannen und vollständig trocknen lassen. Alle Fäden vernähen. Das Strickstück zur Hälfte umschlagen. Von den offenen Kanten aus die Schulternaht schließen. Es bleibt die Halsöffnung von etwa 40 cm.

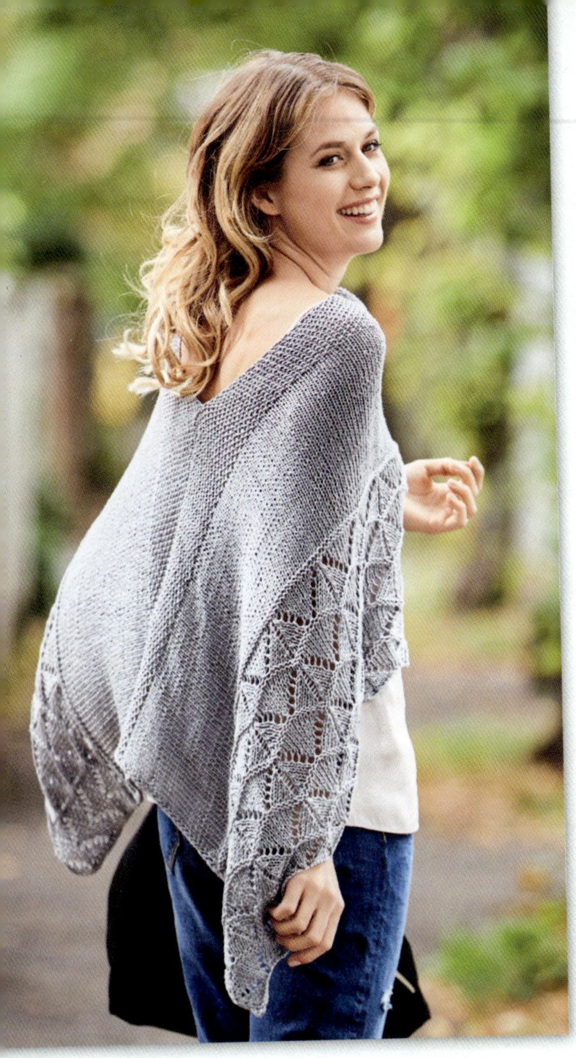

Schnittzeichnung

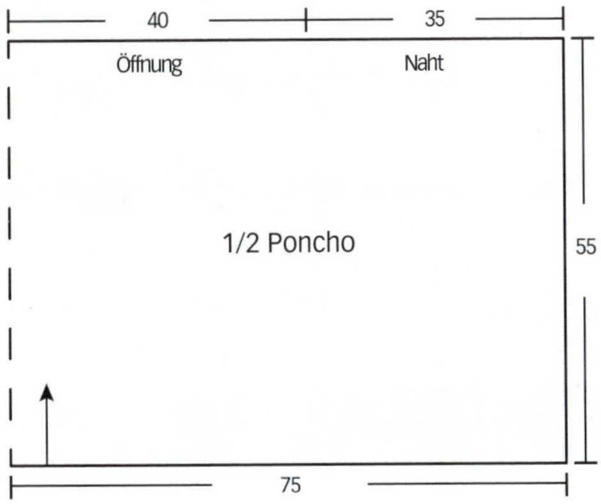

Strickschrift

Reihe	13	12	11	10	9	8	7	6	5	4	3	2	1
12	I	I	I	I	I	I	I	I	I	I	I	I	I
11	–	–	–	–	–	–	–	–	–	–	–	–	–
10	–	–	–	–	–	–	–	–	–	–	–	–	–
9	↓	U	I	I	I	I	I	I	I	I	I	U	2
8	–	–	–	–	–	–	–	–	–	–	–	–	–
7	↓	I	U	I	I	I	I	I	I	I	U	I	2
6	–	–	–	–	–	–	–	–	–	–	–	–	–
5	↓	I	I	U	I	I	I	I	I	U	I	I	2
4	–	–	–	–	–	–	–	–	–	–	–	–	–
3	↓	I	I	I	U	I	I	I	U	I	I	I	2
2	–	–	–	–	–	–	–	–	–	–	–	–	–
1	↓	I	I	I	I	U	I	U	I	I	I	I	2
	Mustersatz												

Zeichenerklärung

- I = 1 Masche rechts
- – = 1 Masche links
- 2 = 2 Maschen rechts zusammenstricken
- U = 1 Umschlag
- ↓ = 1 einfacher Überzug: 1 Masche rechts abheben, die nächste Masche rechts stricken, dann die abgehobene Masche überziehen

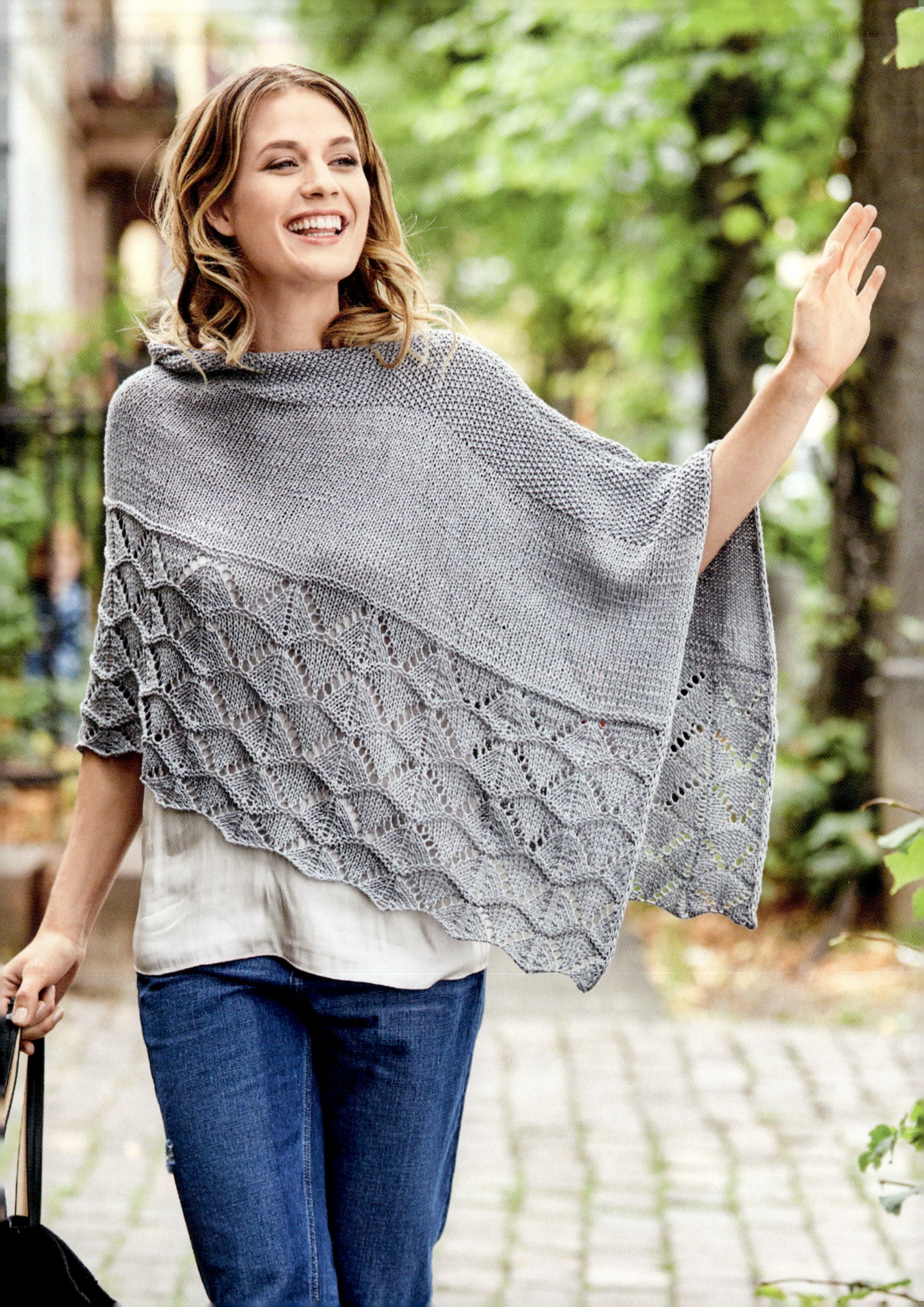

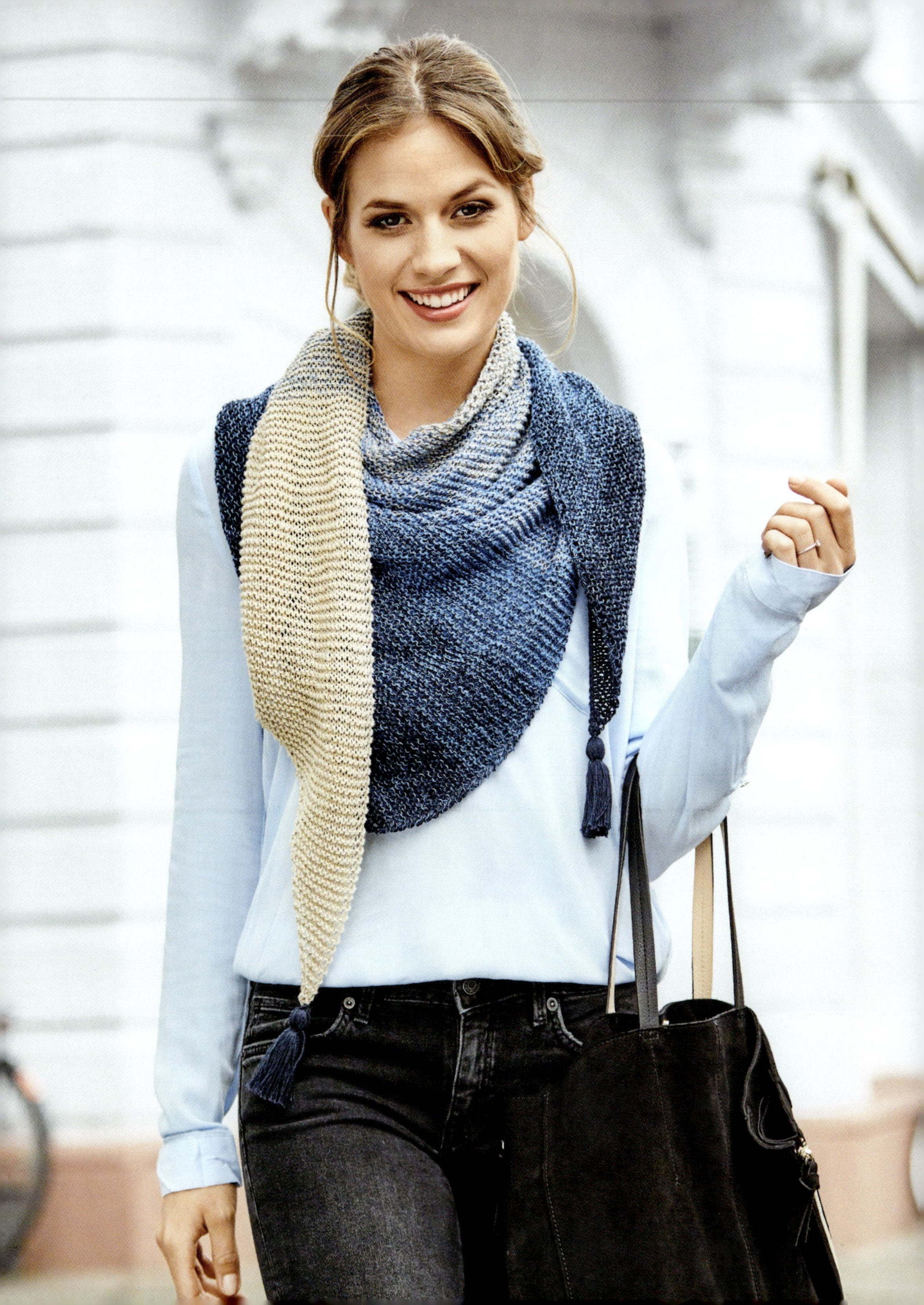

Strand & Meer

Dreieckstuch im Farbverlauf mit Quasten *

ca. 185 cm breit (ohne Quasten), ca. 75 cm hoch

Material

- Katia „Spring Rainbow" (50 % Baumwolle, 50 % Polyacryl, Lauflänge ca. 600 m/150 g): 150 g Ozeanblau-Blau-Beige
- Rundstricknadel Nr. 5

Kraus rechts: Hin- und Rückreihe rechte Maschen stricken.

Maschenprobe kraus rechts: 25 Maschen und 20 Reihen = 10 x 10 cm

So wird's gemacht

3 Maschen anschlagen und wie folgt arbeiten:

1. Reihe Rechte Maschen stricken.

2. Reihe (= Zunahmereihe): Die 1. Masche verdoppeln (siehe Grundkurs, Seite 43) und die folgenden Maschen rechts stricken (= 1 Masche zugenommen).

3. Reihe: Die 1. Masche wie zum Rechtsstricken abheben, die folgenden Maschen rechts stricken. Nach diesem Prinzip fortfahren und die 2. und 3. Reihe wiederholen, bis das Knäuel fast aufgebraucht ist. Bitte beachten, dass noch Garn für das Abketten und für die Quasten benötigt wird. Anschließend alle Maschen abketten.

Fertigstellung: Zwei Quasten anfertigen (siehe Grundkurs, Seite 45), dabei sollte die lange Seite des Kartonstücks ca. 7 cm lang sein. Für die richtige Quastendicke den Faden etwa 50-mal um den Karton wickeln. Je eine Quaste an die Ecken des Tuches nähen. Alle Fäden vernähen.

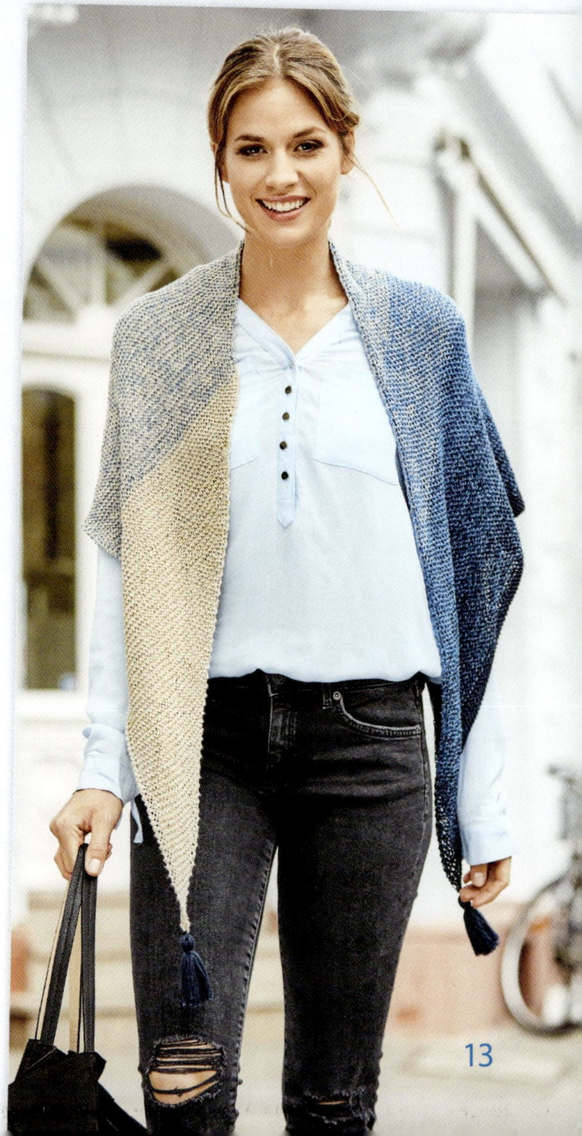

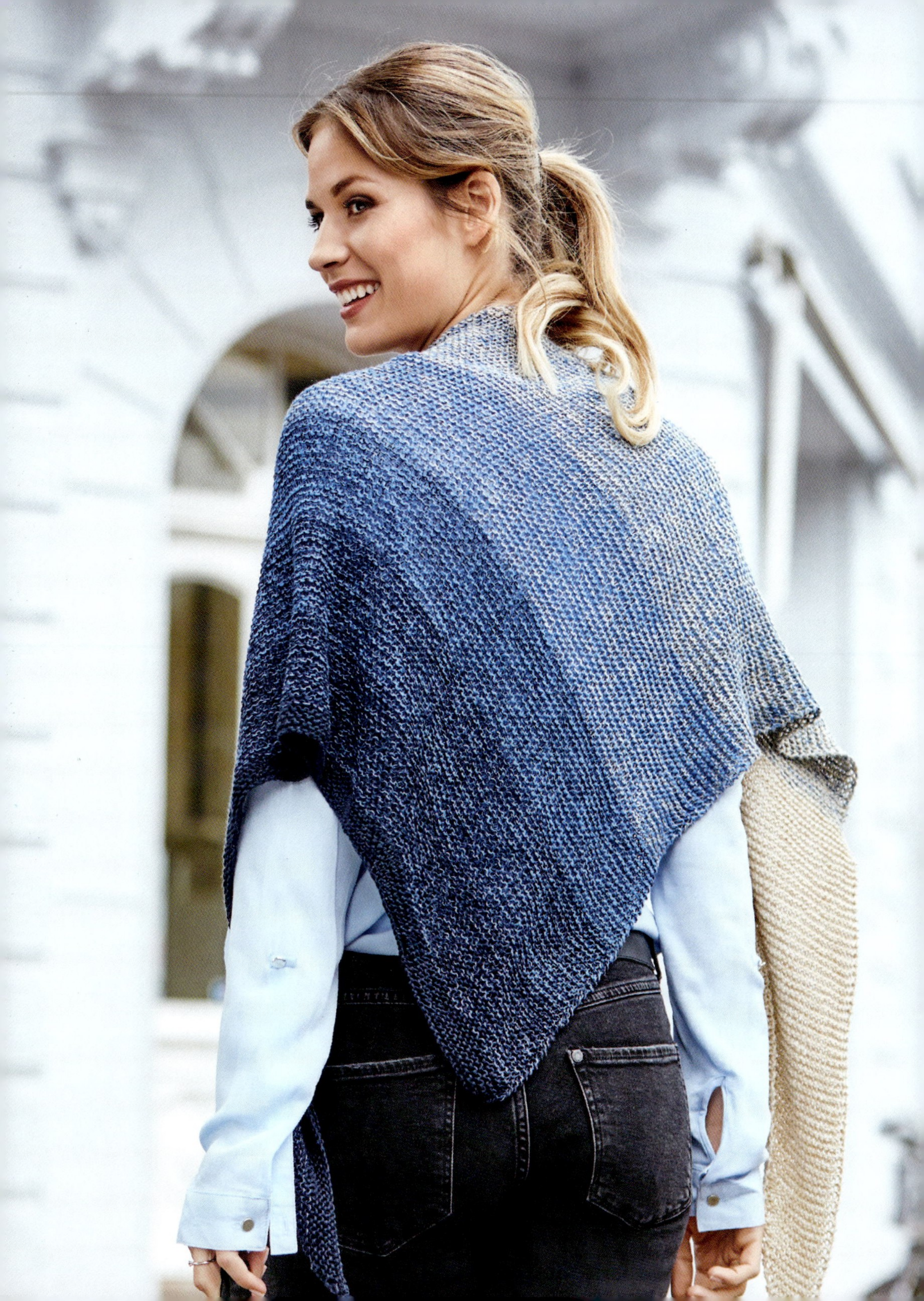

Musterstark

Shrug mit Lochmuster ***

Einheitsgröße S–L

Material

- Lana Grossa „Linea Pura Solo Lino" (80 % Viskose aus recyceltem Leinen, 20 % Leinen, Lauflänge ca. 120 m/50 g): 250 g Hellgrau
- Rundstricknadel Nr. 4,5
- Maschenmarkierer

Kraus rechts: Hin- und Rückreihe rechte Maschen stricken.

Randmaschen: Hin- und Rückreihe rechts stricken (= kraus rechts).

Grundmuster: Maschenzahl teilbar durch 10 plus 8 Maschen. Laut Strickschrift A und B arbeiten. Es sind die Hin- und Rückreihen gezeichnet.

Bei **Strickschrift A** mit den 2 Randmaschen beginnen, den Mustersatz 17 x innerhalb der Reihe wiederholen, enden mit den Maschen nach dem Mustersatz und den 2 Randmaschen.

Bei **Strickschrift B** mit den 2 Randmaschen und den Maschen vor dem Mustersatz beginnen, den Mustersatz 17 x innerhalb der Reihe wiederholen, enden mit den Maschen nach dem Mustersatz und den 2 Randmaschen.

Die 1.–6. Reihe von Strickschrift A und die 1.–6. Reihe von Strickschrift B stets im Wechsel wiederholen (= 12 Reihen).

Tipp: Nach den Randmaschen und nach jedem Mustersatz einen Maschenmarkierer setzen. Bei Wechsel zu Strickschrift B die Markierer entsprechend versetzen. Im Mittelteil nach bzw. vor den Randmaschen einen Maschenmarkierer setzen.

Glatt rechts: Hinreihe rechte Maschen, Rückreihe linke Maschen stricken.

Maschenprobe im Grundmuster: 16 Maschen und 26 Reihen = 10 x 10 cm

So wird's gemacht

Es wird in Reihen von unten nach oben gestrickt. 182 Maschen anschlagen. Zunächst 2 Reihen kraus rechts stricken.

Dann wie folgt im Grundmuster stricken: * 1 x Strickschrift A, dann 1 x Strickschrift B stricken, ab * noch 2 x wiederholen, enden mit 1 x Strickschrift A (= 42 Reihen). 2 Reihen kraus rechts stricken.

Nun für den Mittelteil des Shrugs zwischen den jeweils 2 Randmaschen glatt rechts arbeiten, jedoch jede 10. Reihe (= Rückreihe) rechts stricken, sodass eine Querrippe entsteht. Nach diesem Prinzip insgesamt 70 Reihen stricken.

Dann wieder wie angegeben 42 Reihen im Grundmuster arbeiten, also 3 x Strickschrift A und B im Wechsel, enden mit 1 x Strickschrift A. Wieder 2 Reihen kraus rechts stricken. Dann alle Maschen abketten.

Fertigstellung: Das Strickstück im Wollwaschgang waschen, spannen und vollständig trocknen lassen. Alle Fäden vernähen. Das Strickstück der Länge nach zur Hälfte legen. Es entsteht ein Rechteck von ca. 114 cm Breite und ca. 28,5 cm Höhe. Von den offenen Kanten aus die Seitennaht bis zum Ende des Lochmusters schließen. Es bleibt die Öffnung für die Arme.

Strickschrift A

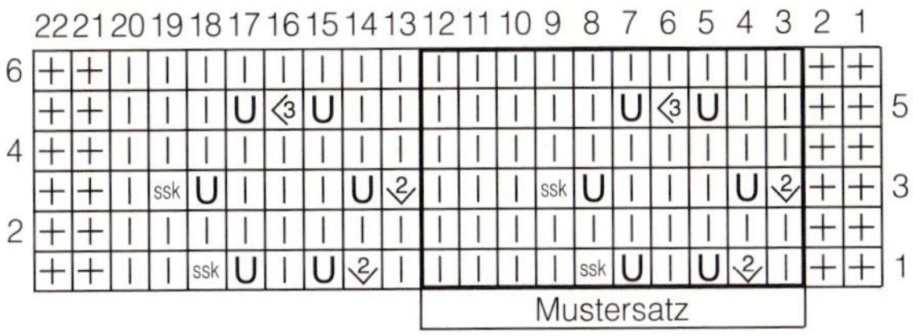

Strickschrift B

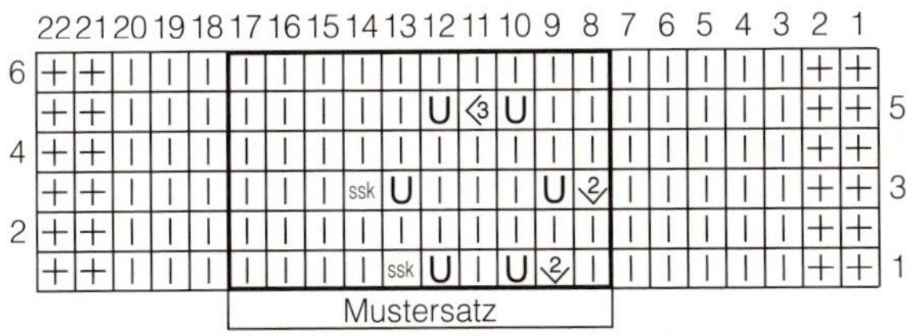

Zeichenerklärung

- I = 1 Masche rechts
- U = 1 Umschlag
- 2 = 2 Maschen rechts zusammenstricken
- 3 = 3 Maschen rechts verschränkt zusammenstricken
- ssk = 2 Maschen nacheinander wie zum Rechtsstricken abheben, dann rechts zusammenstricken (engl. ssk = slip, slip, knit)
- + = 1 Randmasche: 1 Masche kraus rechts stricken (= in Hin- und Rückreihe rechts stricken)

Schnittzeichnung

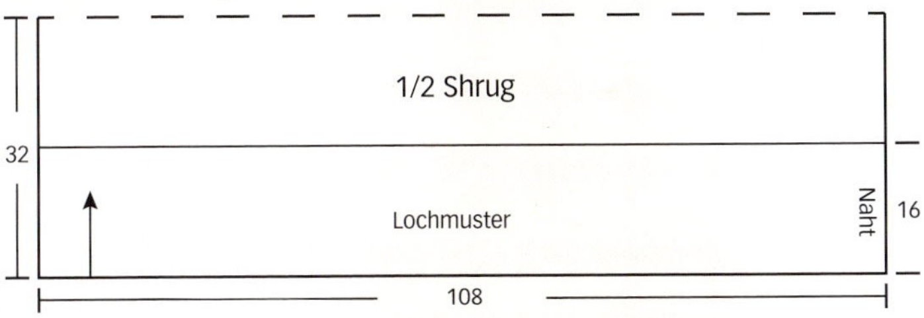

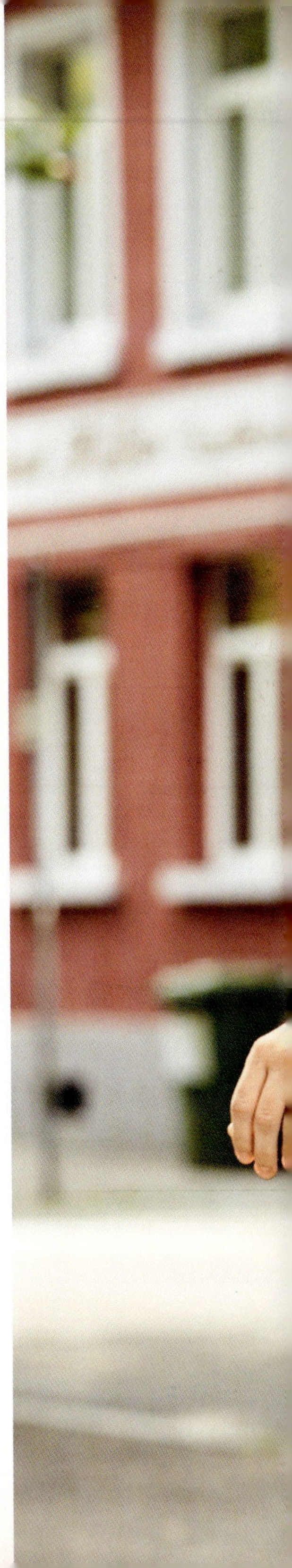

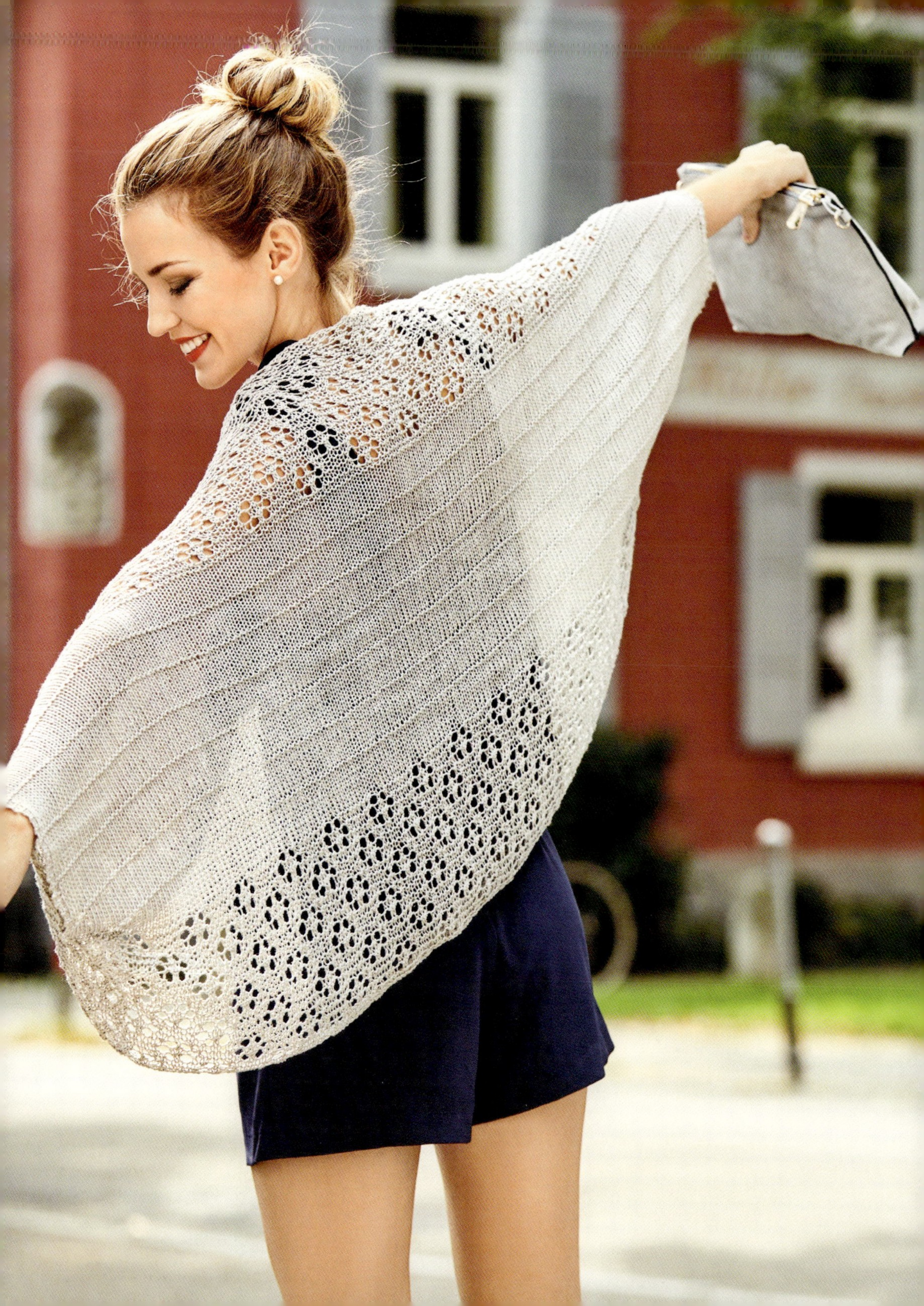

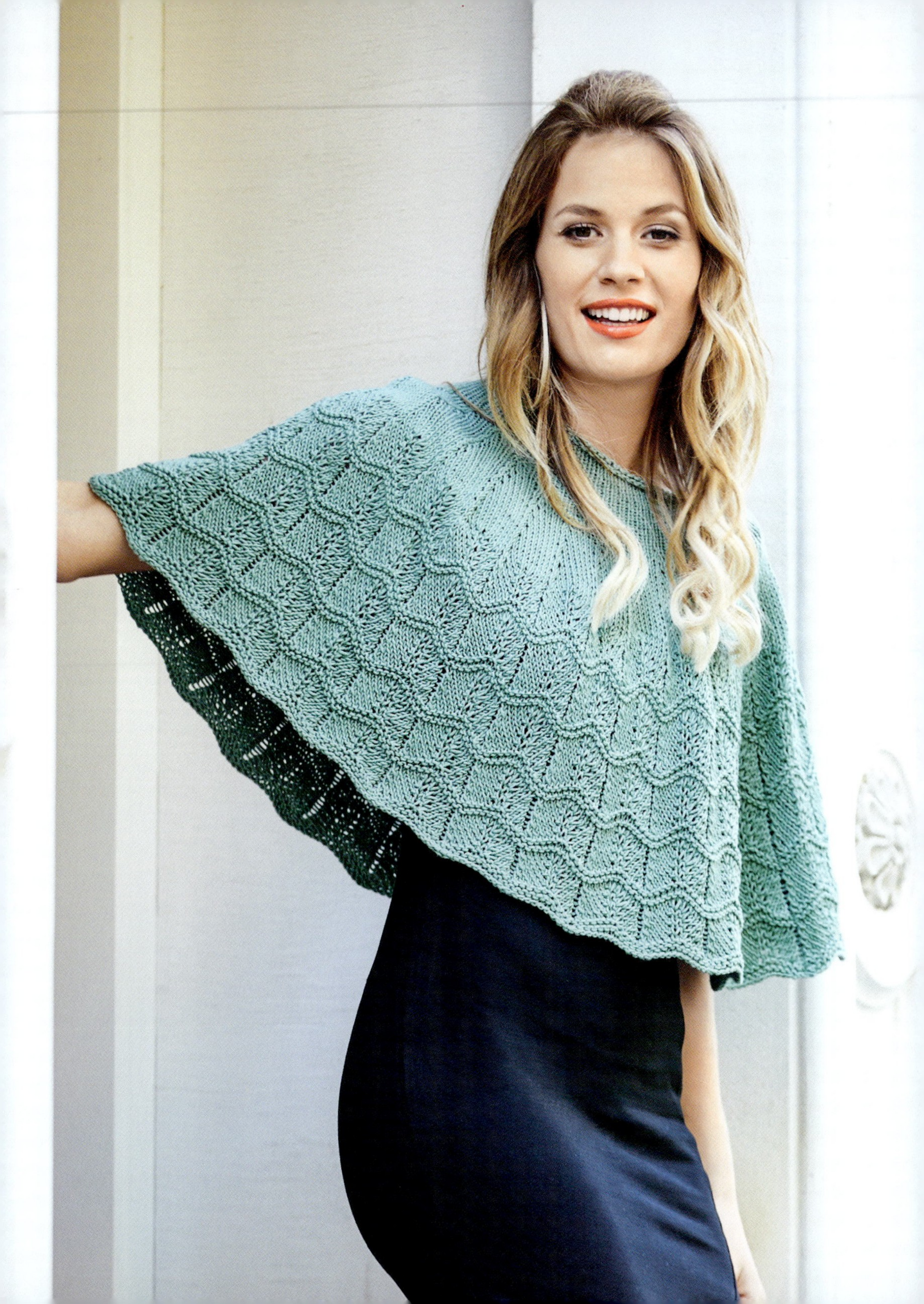

Wasserfall

Poncho mit Wellenmuster **

Einheitsgröße S–L

Material

- Lana Grossa „Linea Pura Wakame“ (75 % Baumwolle, 25 % Viskose, Lauflänge ca. 125 m/50 g): 250 g Graugrün
- Rundstricknadel Nr. 4
- Maschenmarkierer

Grundmuster: Maschenzahl teilbar durch 11. Laut Strickschrift in Runden arbeiten. Es ist jede Runde gezeichnet. Den Mustersatz innerhalb der Runde 29 x stricken. Die 1.–12. Runde stets wiederholen.

Maschenprobe im Grundmuster: 20 Maschen und 27 Reihen = 10 x 10 cm

So wird's gemacht

Es wird in Runden von unten nach oben gestrickt. 319 Maschen anschlagen, die Arbeit zur Runde schließen und den Rundenbeginn mit einem Maschenmarkierer kennzeichnen. Im Grundmuster stricken und die 1.–12. Runde insgesamt 5 x stricken. In der folgenden Runde (= 1. Abnahmerunde) alle Maschen rechts stricken, dabei jede 10. und 11. Masche rechts zusammenstricken (= 290 Maschen). In den folgenden 2 Runden rechte Maschen ohne Abnahmen stricken. Mit den Abnahmen wie folgt fortfahren, dabei nach jeder Abnahmerunde 2 Runden rechte Maschen stricken:

2. Abnahmerunde: Jede 9. und 10. Masche rechts zusammenstricken (=261 Maschen).

3. Abnahmerunde: Jede 8. und 9. Masche rechts zusammenstricken (=232 Maschen).

4. Abnahmerunde: Jede 7. und 8. Masche rechts zusammenstricken (=203 Maschen).

5. Abnahmerunde: Jede 6. und 7. Masche rechts zusammenstricken (=174 Maschen).

6. Abnahmerunde: Jede 5. und 6. Masche rechts zusammenstricken (=145 Maschen).

7. Abnahmerunde: Jede 4. und 5. Masche rechts zusammenstricken (=116 Maschen).

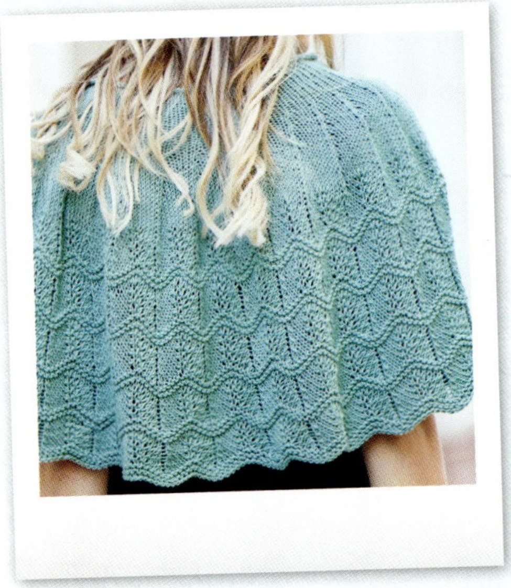

8. Abnahmerunde: Jede 3. und 4. Masche rechts zusammenstricken (= 87 Maschen).

Nach der letzten Abnahmerunde 20 Runden rechte Maschen stricken. Anschließend alle Maschen abketten.

Fertigstellung: Alle Fäden vernähen.

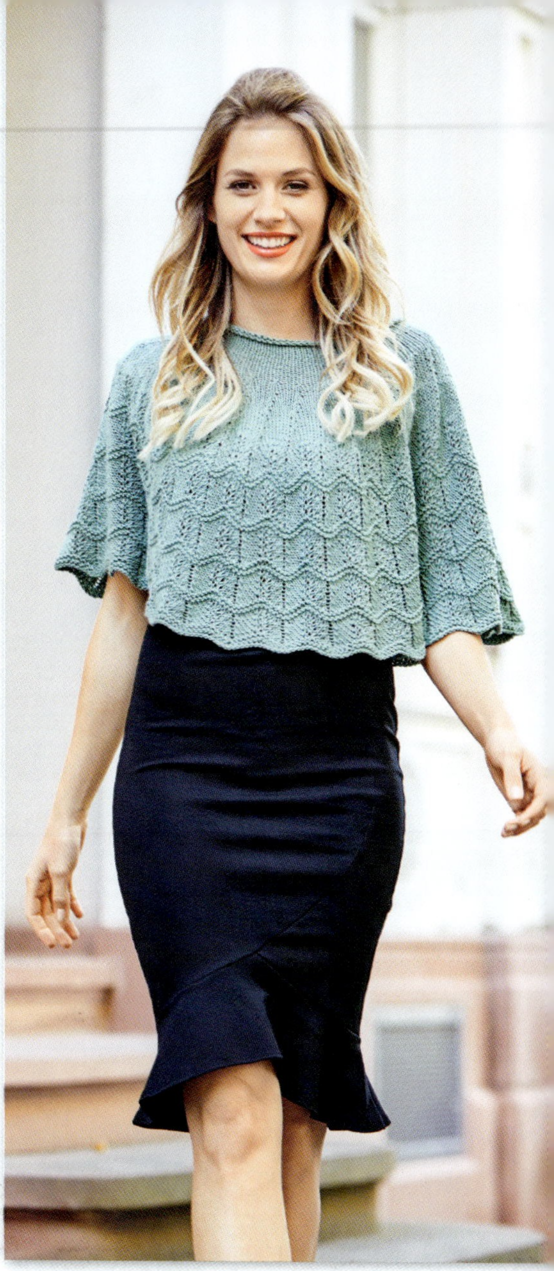

Strickschrift

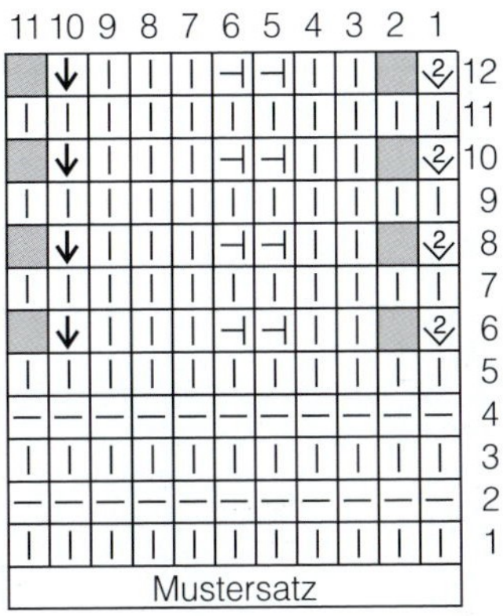

Zeichenerklärung

- = 1 Masche rechts
- = 1 Masche links
- = 1 Masche verdoppeln: aus 1 Masche 2 Maschen herausstricken (= 1 Masche rechts, 1 Masche rechts verschränkt)
- = 2 Maschen rechts zusammenstricken
- = 1 einfacher Überzug: 1 Masche rechts abheben, die nächste Masche rechts stricken, dann die abgehobene Masche überziehen
- = keine Bedeutung, dient der besseren Übersicht

Oversize Style

Shrug in Blautönen **

Einheitsgröße S-L

Material

- Schachenmayr „Journey" (44 % Baumwolle, 36 % Polyacryl, 20 % Polyamid, Lauflänge ca. 90 m/50 g): 500 g Jeans und 50 g Wolke
- Rundstricknadel Nr. 7

Randmaschen: Der Patentrand wird über die ersten und die letzten 3 Maschen jeder Reihe gestrickt. In der **Hinreihe am Reihenanfang**: 1 Masche rechts verschränkt, 1 Masche abheben, dabei den Faden vor der Arbeit weiterführen, 1 Masche rechts stricken; **am Reihenende:** 1 Masche rechts, 1 Masche abheben, dabei den Faden vor der Arbeit weiterführen, 1 Masche rechts stricken. In der **Rückreihe am Reihenanfang:** 1 Masche abheben, dabei den Faden vor der Arbeit weiterführen, 1 Masche rechts, 1 Masche abheben, dabei den Faden vor der Arbeit weiterführen; **am Reihenende:** 1 Masche abheben, dabei den Faden vor der Arbeit weiterführen, 1 Masche rechts, 1 Masche abheben, dabei den Faden vor der Arbeit weiterführen.

Grundmuster: Maschenzahl teilbar durch 2.

1. Reihe: Alle Maschen rechts stricken.

2. Reihe: Alle Maschen links stricken.

3. Reihe: Alle Maschen rechts stricken.

4. Reihe: Alle Maschen links stricken.

5. Reihe: Alle Maschen rechts stricken.

6. Reihe: 1 Masche links stricken, * 2 Maschen rechts zusammenstricken, ab * stets wiederholen, die letzte Masche vor den Randmaschen links stricken.

7. Reihe: 1 Masche rechts stricken, * 1 Masche verdoppeln (siehe Grundkurs, Seite 43), ab * stets wiederholen, die letzte Masche vor den Randmaschen rechts stricken.

8. Reihe: Alle Maschen links stricken.

Die 1.–8. Reihe stets wiederholen.

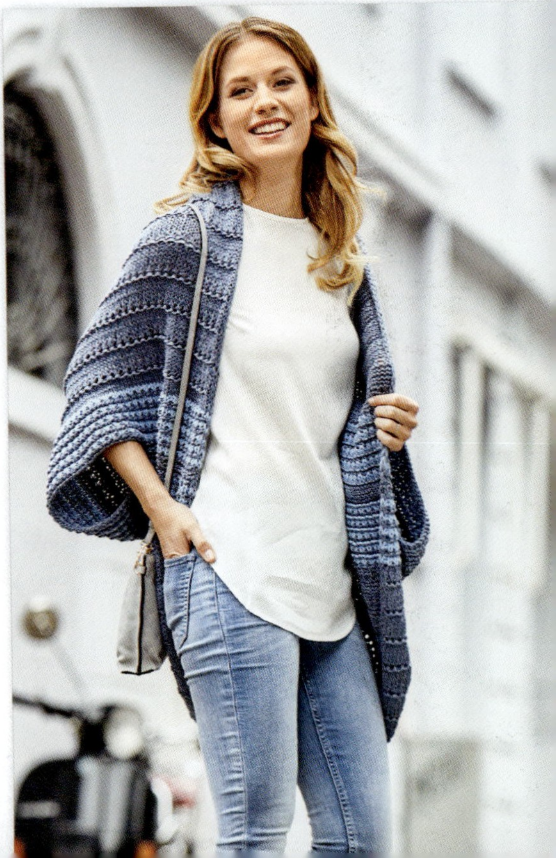

Waffelmuster 1:

1. Reihe: In Jeans alle Maschen rechts stricken.

2. Reihe: wie die 1. Reihe.

3. Reihe: In Wolke 1 Masche rechts, 1 Masche links im Wechsel stricken.

4. Reihe: wie die 3. Reihe.

Die 1.–4. Reihe stets wiederholen.

Waffelmuster 2:

1. Reihe: In Wolke 1 Masche rechts, 1 Masche links im Wechsel stricken.

2. Reihe: wie die 1. Reihe.

3. Reihe: In Jeans alle Maschen rechts stricken.

4. Reihe: wie die 3. Reihe.

Die 1.–4. Reihe stets wiederholen.

Maschenprobe im Grundmuster: 15 Maschen und 20 Reihen = 10 x 10 cm

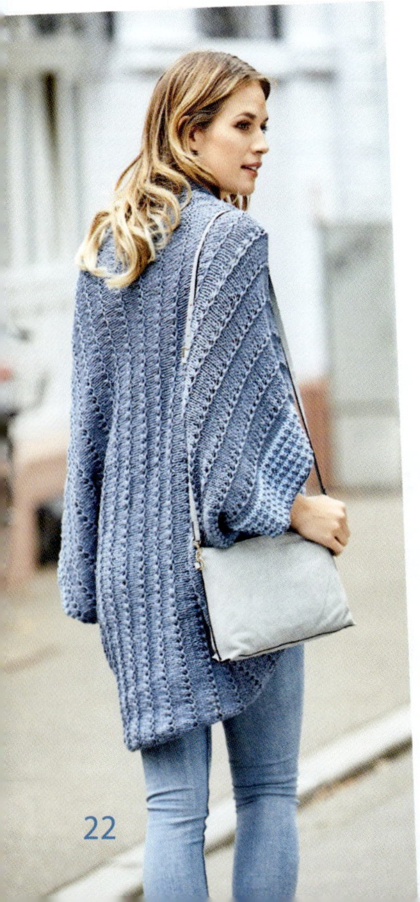

So wird's gemacht

Es wird in Reihen gestrickt, begonnen wird an einer Seite.

142 Maschen in Jeans anschlagen. Zwischen den Randmaschen das Waffelmuster 1 insgesamt 5 x stricken (= 20 Reihen). Anschließend das Grundmuster in Jeans arbeiten, die 1.–8. Reihe 21 x stricken. In der folgenden Reihe alle Maschen rechts stricken. In der folgenden Reihe alle Maschen links stricken. Danach das Waffelmuster 2 insgesamt 5 x stricken (= 20 Reihen). Anschließend noch 1 Reihe rechte Maschen in Jeans stricken. Dann alle Maschen abketten.

Fertigstellung: Alle Fäden vernähen. Das Strickstück der Länge nach zur Hälfte legen. Es entsteht ein Rechteck von ca. 100 cm Breite und ca. 47,5 cm Höhe. Von den offenen Kanten aus die Seitennaht über etwa 25 cm schließen. Es bleibt die Öffnung für die Arme.

Schnittzeichnung

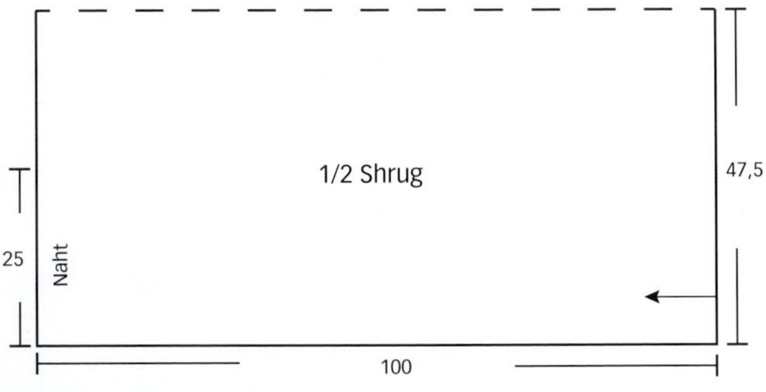

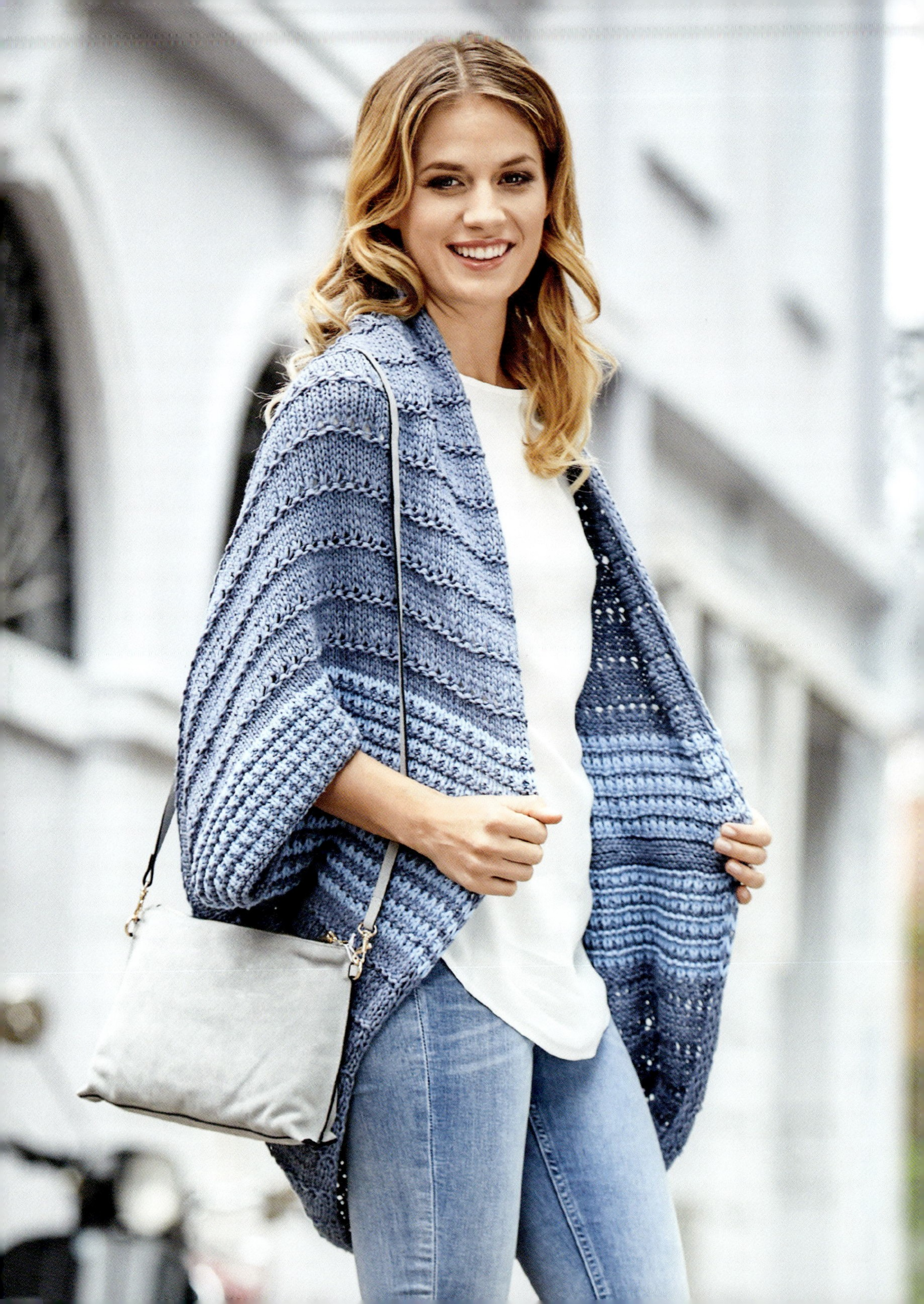

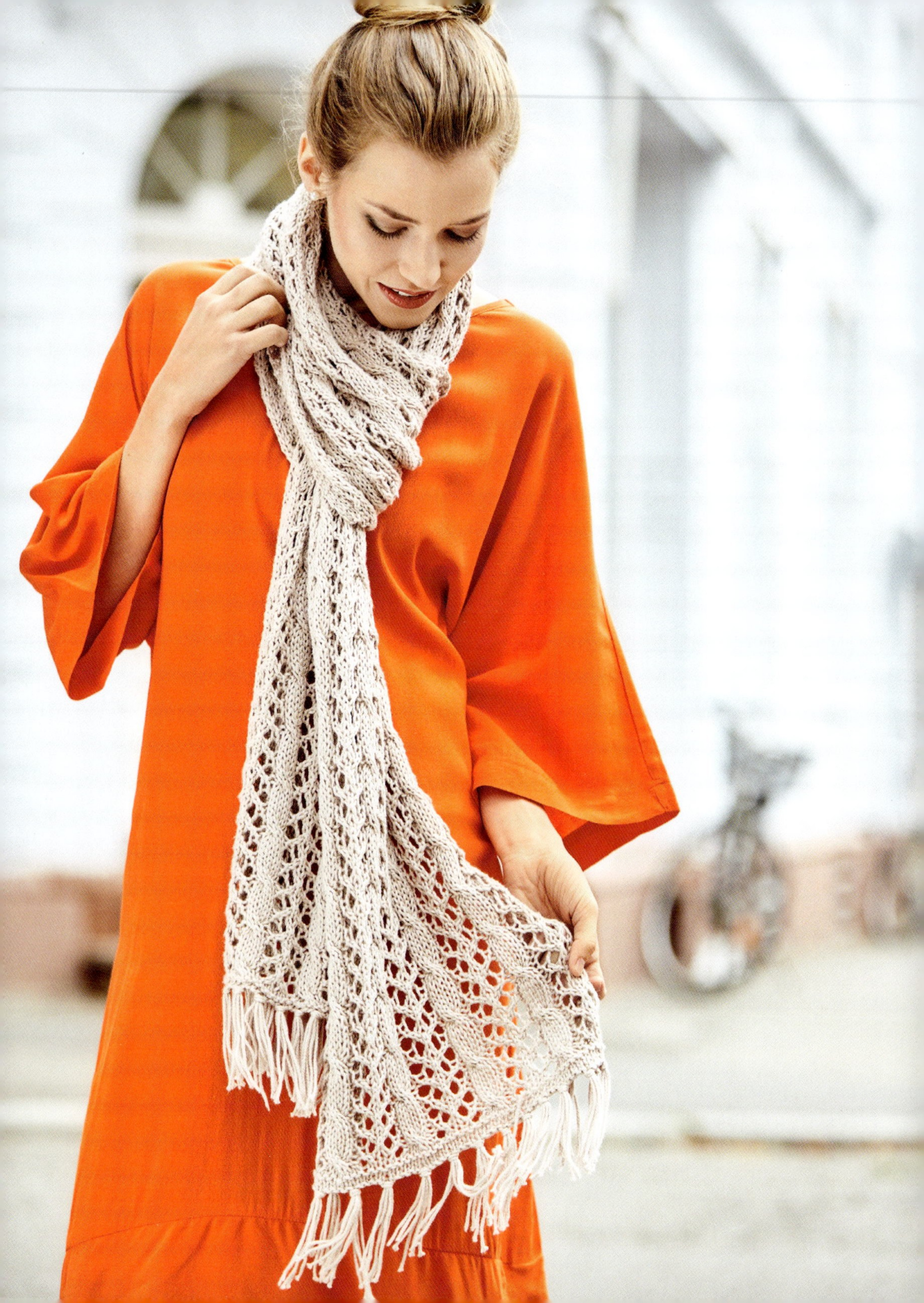

Zartes Beige

Schal mit Loch- und Zopfmuster ***

ca. 235 cm lang, 35 cm breit (ohne Fransen, nach dem Spannen)

Material

- Lang Yarns „Norma" (55 % Baumwolle, 35 % Modal, 10 % Viskose, Lauflänge ca. 135 m/50 g): 250 g Beige
- Rundstricknadel Nr. 5

Randmaschen: Die ersten und letzten 3 Maschen in Hin- und Rückreihe rechts stricken (= kraus rechts).

Grundmuster: Maschenzahl teilbar durch 11 plus 7. Laut Strickschrift arbeiten. Es sind die Hin- und Rückreihen gezeichnet. Den Mustersatz innerhalb der Reihe 4 x stricken, enden mit den Maschen nach dem Mustersatz. Die 1.–8. Reihe stets wiederholen.

Maschenprobe im Grundmuster: 17 Maschen und 20 Reihen = 10 x 10 cm (nach dem Spannen)

So wird's gemacht

57 Maschen (inklusive 6 Randmaschen) anschlagen. Zwischen den Randmaschen wie folgt stricken: In der 1.–3. Reihe alle Maschen rechts stricken. In der 4. Reihe alle Maschen links stricken. Dann im Grundmuster arbeiten, die 1.–8. Reihe der Strickschrift stets wiederholen bis zu einer Gesamtlänge von etwa 180 cm. In der folgenden Reihe noch 1 x die 1. Reihe der Strickschrift stricken. In der folgenden Rückreihe rechte Maschen stricken. Danach noch 1 Reihe rechte Maschen und in der Rückreihe alle Maschen links stricken. Anschließend alle Maschen abketten.

Fertigstellung: Alle Fäden vernähen. Für die Fransen etwa 20 cm lange Fäden abschneiden. Jeweils drei Fäden zusammen mit einer Häkelnadel an den Schmalseiten des Schals einknüpfen (siehe Grundkurs Seite 45). Den Schal im Wollwaschgang waschen und anschließend spannen, damit das Lochmuster richtig zur Geltung kommt. Die Fransen auf eine Länge schneiden.

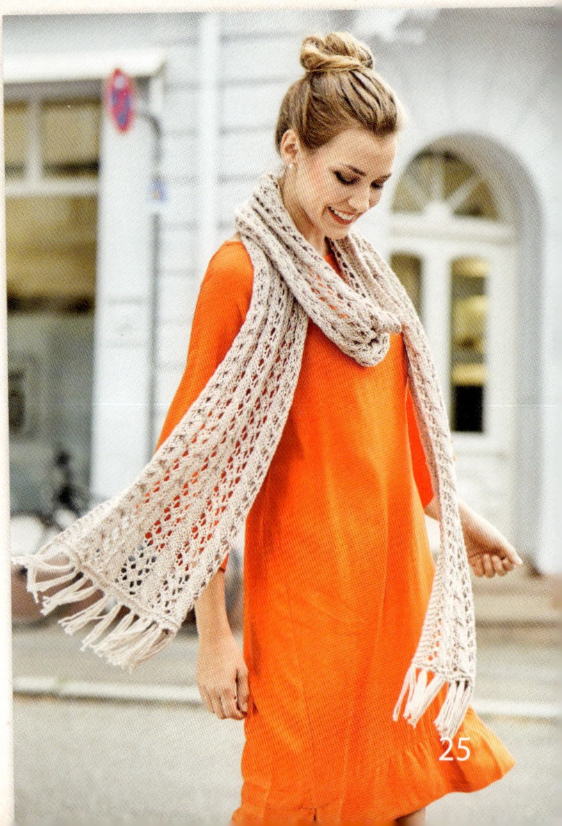

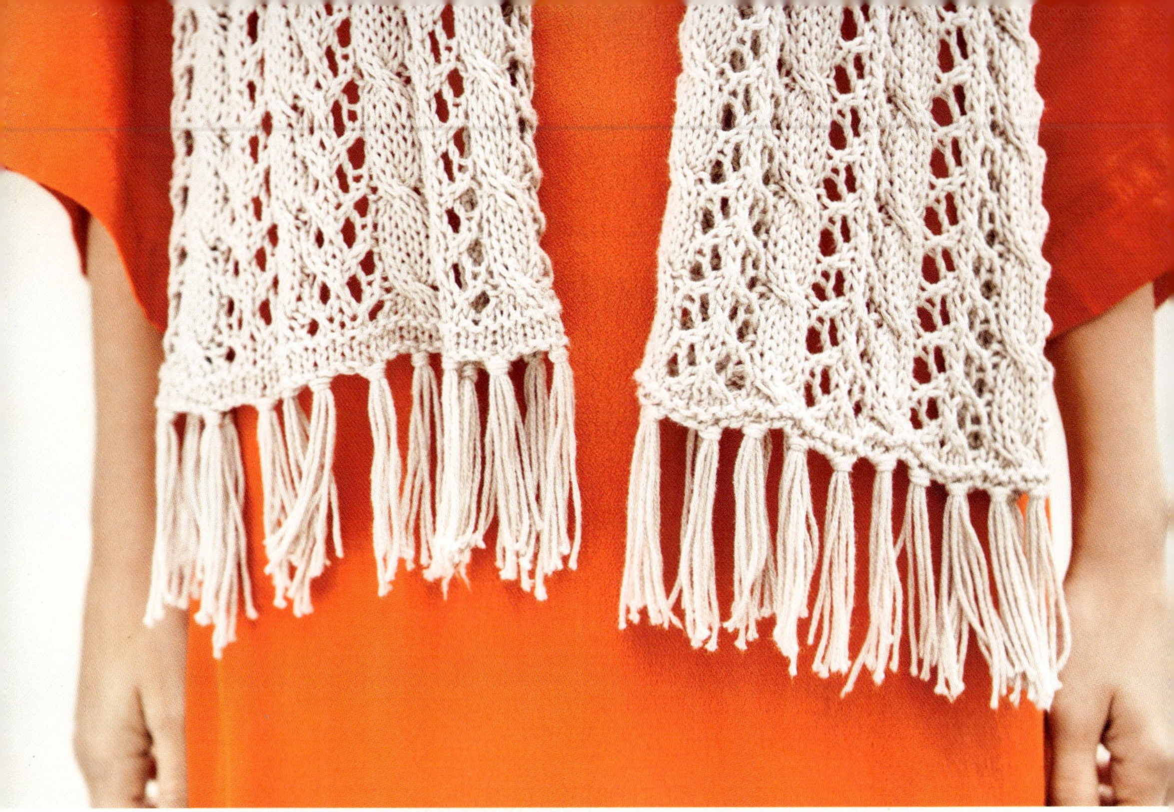

Strickschrift

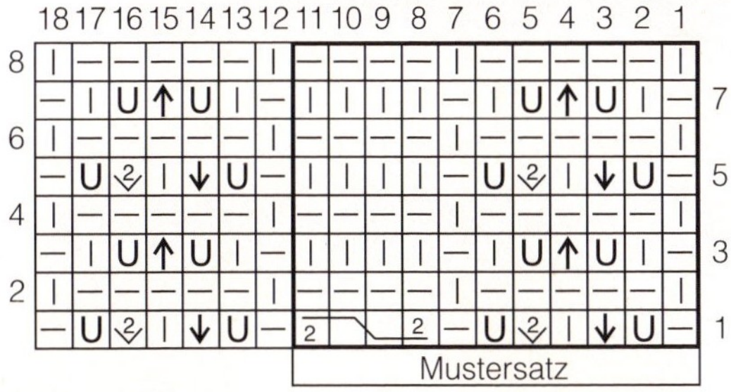

Zeichenerklärung

I = 1 Masche rechts

— = 1 Masche links

2 = 2 Maschen rechts zusammenstricken

U = 1 Umschlag

↓ = 1 einfacher Überzug: 1 Masche rechts abheben, die nächste Masche rechts stricken, dann die abgehobene Masche überziehen

↑ = 1 doppelter Überzug: 2 Maschen zusammen rechts abheben, die nächste Masche rechts stricken, dann die abgehobenen Maschen überziehen

2 2 = 4 Maschen nach links verzopfen: 2 Maschen auf eine Zopfnadel vor die Arbeit legen, 2 Maschen rechts stricken, dann die 2 Maschen der Zopfnadel rechts stricken

Walk on Fire

Halbrundes Tuch mit Lacemuster ***

ca. 205 cm lang und 47 cm breit

Material

- Schachenmayr „Merino Extrafine 285 Lace" (100 % Schurwolle, Lauflänge ca. 285 m/50 g): 100 g Cabernet
- Rundstricknadel Nr. 5
- Maschenmarkierer

Grundmuster: Laut Strickschrift arbeiten. Es sind die Hin- und Rückreihen gezeichnet. Die 1.–28. Reihe wie in der Anleitung angegeben wiederholen.

Maschenprobe im Grundmuster: 20 Maschen und 28 Reihen = 10 x 10 cm

So wird's gemacht

21 Maschen anschlagen und im Grundmuster laut Strickschrift arbeiten, Maschenmarkierer nach der Laceborte und vor und nach dem Laceeinsatz setzen. Die 1.–28. Reihe insgesamt 8 x wie gezeichnet stricken, dabei das Prinzip der Zunahmen fortführen.

Anschließend die 1.–28. Reihe 2 x ohne Zunahmen arbeiten: die angegebene Masche nicht verdoppeln, sondern mustergemäß stricken.

Jetzt folgen die Abnahmereihen: die angegebene Masche wird nicht verdoppelt, sondern es werden 2 Maschen rechts zusammengestrickt. Die 1.–28. Reihe insgesamt 8 x mit diesen Abnahmen arbeiten.

Danach alle Maschen abketten.

Fertigstellung: Das Strickstück im Wollwaschgang waschen, spannen und vollständig trocknen lassen. Alle Fäden vernähen.

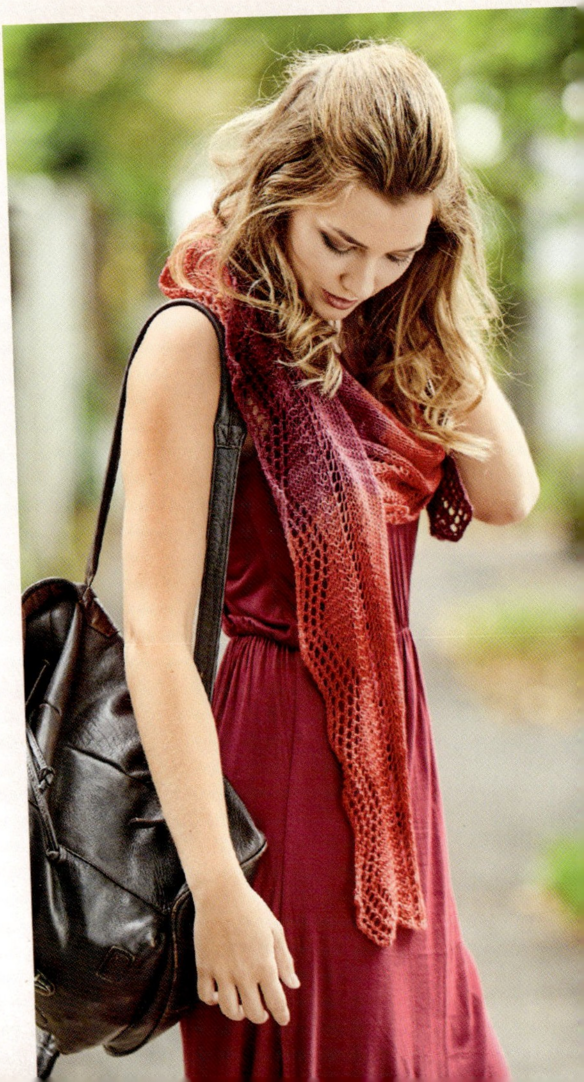

Strickschrift

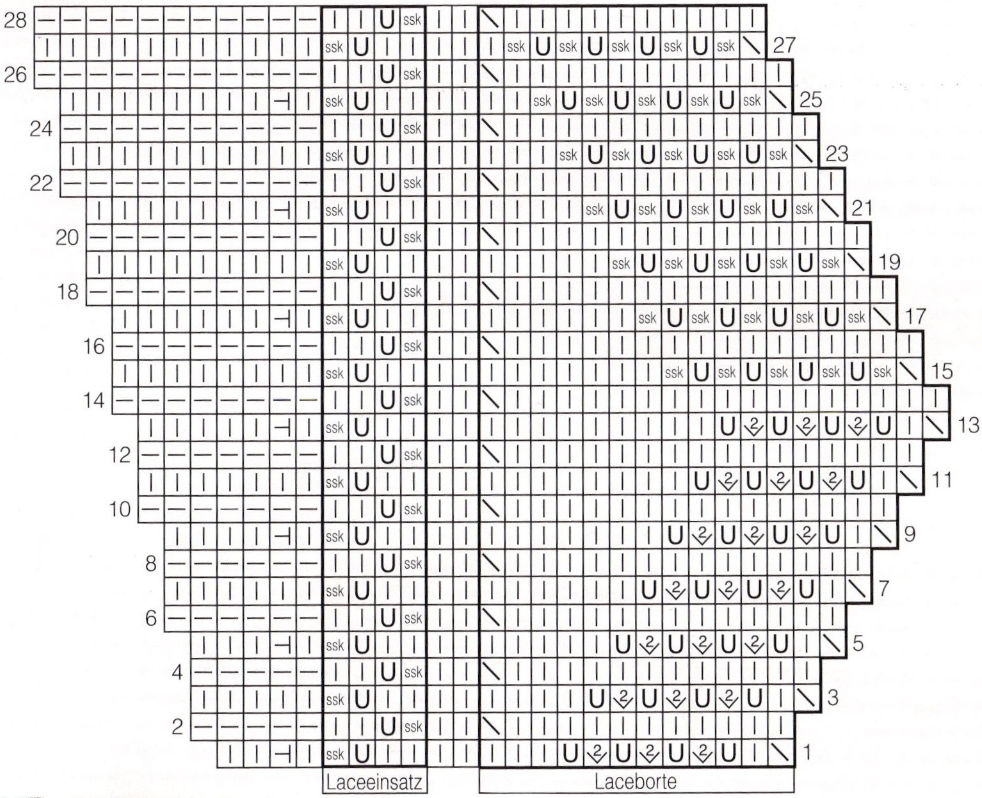

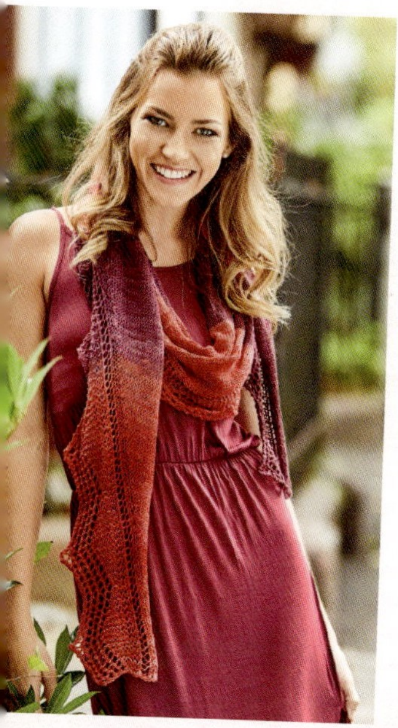

Zeichenerklärung

- [|] = 1 Masche rechts
- [–] = 1 Masche links
- [2 Maschen rechts zusammen] = 2 Maschen rechts zusammenstricken
- [U] = 1 Umschlag
- [ssk] = 2 Maschen nacheinander wie zum Rechtsstricken abheben, dann rechts zusammenstricken (engl. ssk = slip, slip, knit)
- [⊣] = 1 Masche verdoppeln: aus 1 Masche 2 Maschen herausstricken (= 1 Masche rechts, 1 Masche rechts verschränkt)
- [\ ] = 1 Masche links abheben, dabei den Faden hinter der Arbeit langführen

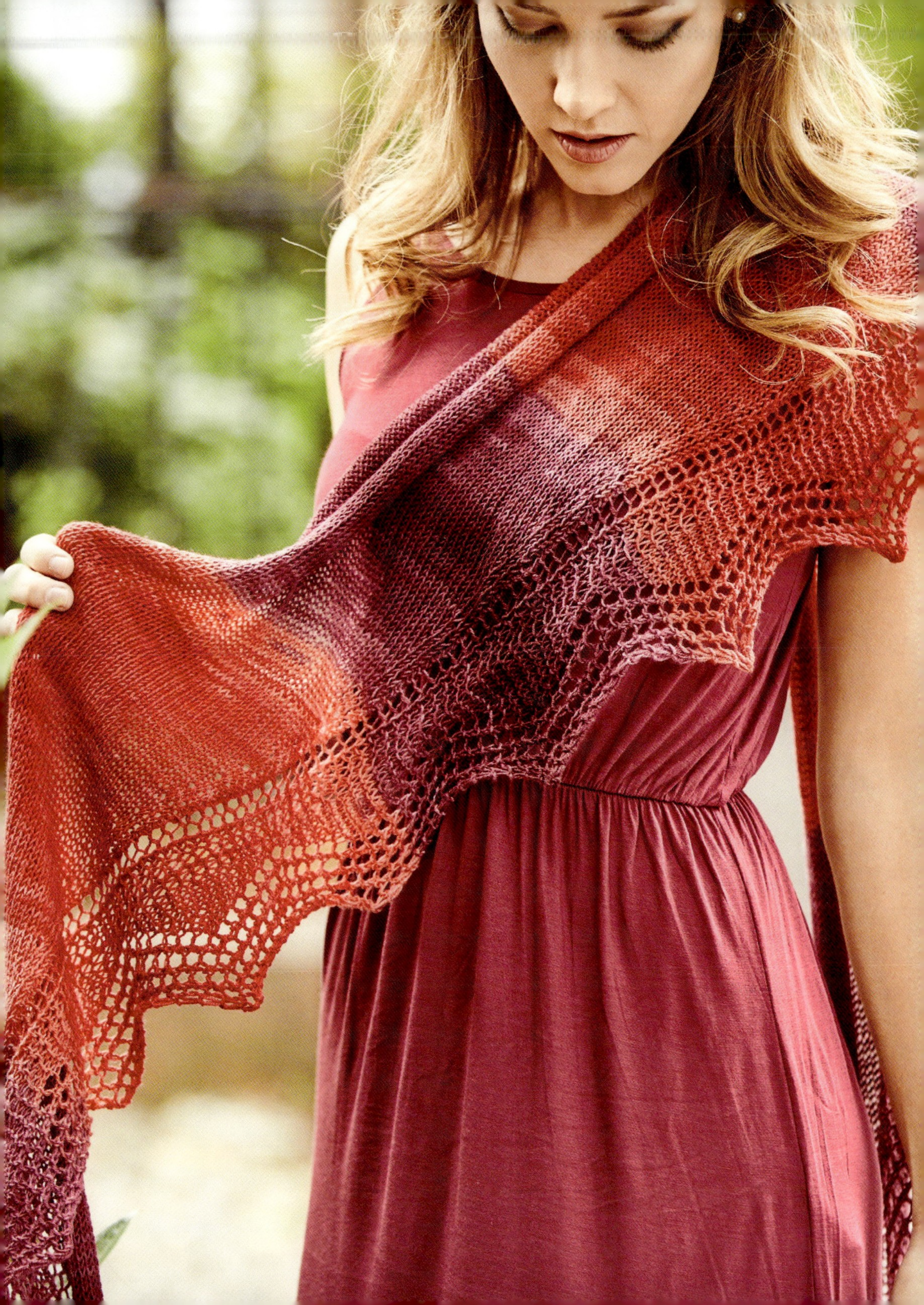

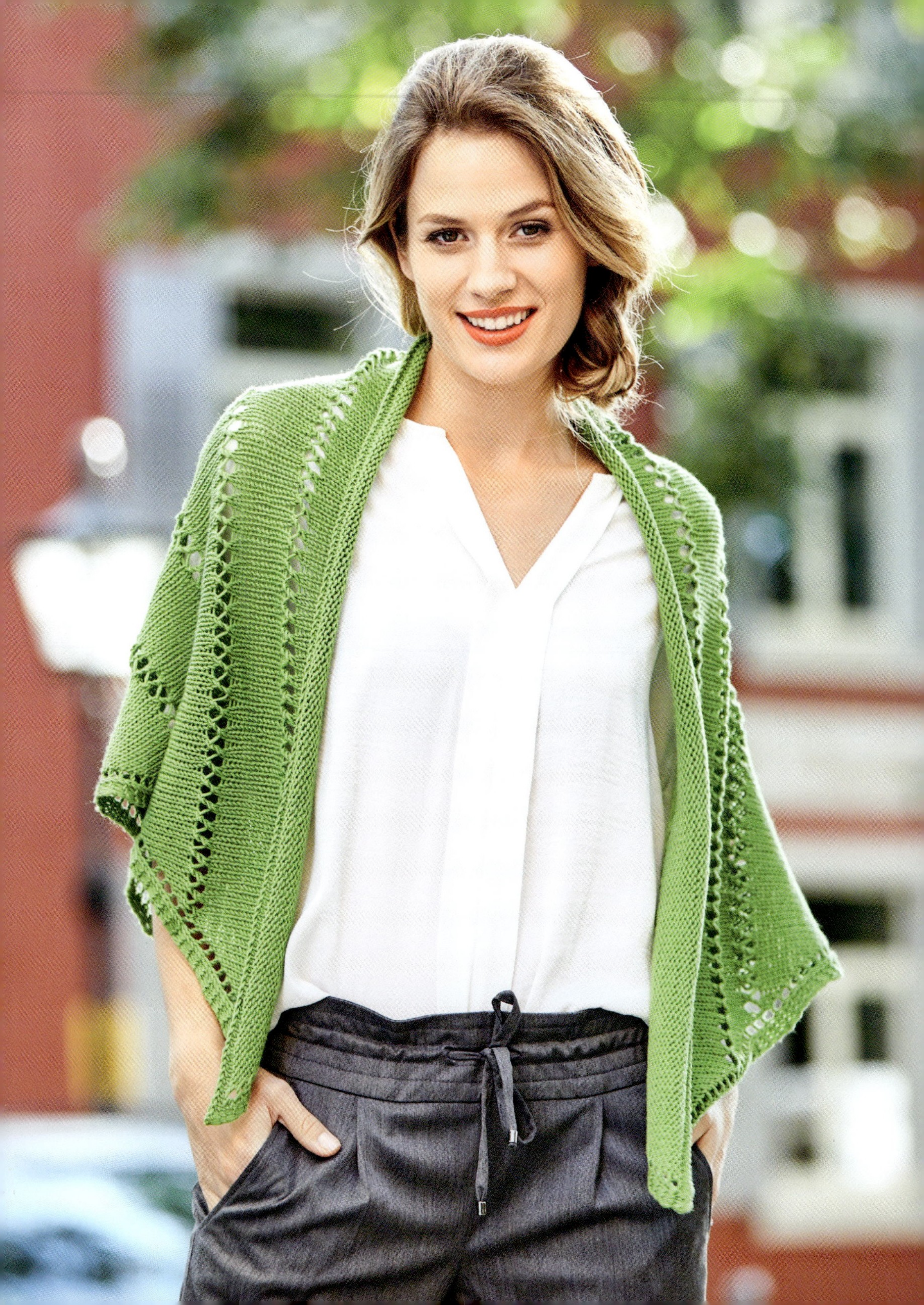

Glücksbringer

Klassisches Dreieckstuch **

155 cm breit, ca. 91 cm hoch (nach dem Spannen)

Material

- Schachenmayr „Merino Extrafine 120" (100 % Schurwolle, Lauflänge ca. 120 m/50 g): 250 g Apfel
- Rundstricknadel Nr. 5

Randmaschen: Ab der 5. Reihe arbeiten! Hin- und Rückreihe rechts stricken (= kraus rechts).

Grundmuster: Hinreihe rechte Maschen, Rückreihe linke Maschen stricken (= glatt rechts).

Lochmuster: 1 Masche links stricken, * 1 Umschlag, 2 Maschen links zusammenstricken, ab * stets wiederholen, enden mit 1 Masche links.

Maschenprobe im Grundmuster: 18 Maschen und 28 Reihen = 10 x 10 cm

So wird's gemacht

3 Maschen anschlagen.

1. Reihe (= Hinreihe): Alle Maschen rechts stricken.

2. Reihe (= Rückreihe): Alle Maschen verdoppeln (siehe Grundkurs, Seite 43) (= 6 Maschen).

3. Reihe: Alle Maschen rechts stricken

4. Reihe: 1 Masche rechts, 4 Maschen verdoppeln, 1 Masche rechts (= 10 Maschen).

Ab der 5. Reihe ist Folgendes zu beachten: Die ersten und die letzten 3 Maschen sind Randmaschen und werden immer rechts gestrickt. Die folgenden 2 Maschen sind die Zunahmen, die in jeder Hinreihe gearbeitet werden. Erst danach folgt das Grundmuster bzw. das Lochmuster.

5. Reihe (= Hinreihe): 3 Randmaschen, 1 Masche rechts, 1 Umschlag, 2 Maschen rechts, 1 Umschlag, 1 Masche rechts, 3 Randmaschen (= 12 Maschen).

6. Reihe (= Rückreihe): 3 Randmaschen, 6 Maschen links, 3 Randmaschen.

7. Reihe: 3 Randmaschen, 1 Masche rechts, 1 Umschlag, 4 Maschen rechts, 1 Umschlag, 1 Masche rechts, 3 Randmaschen (= 14 Maschen).

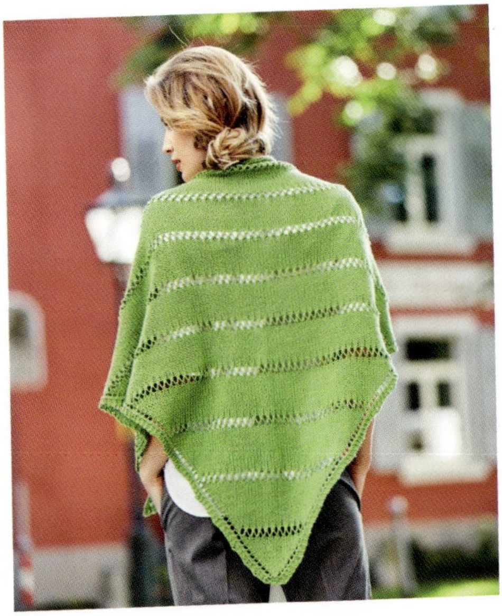

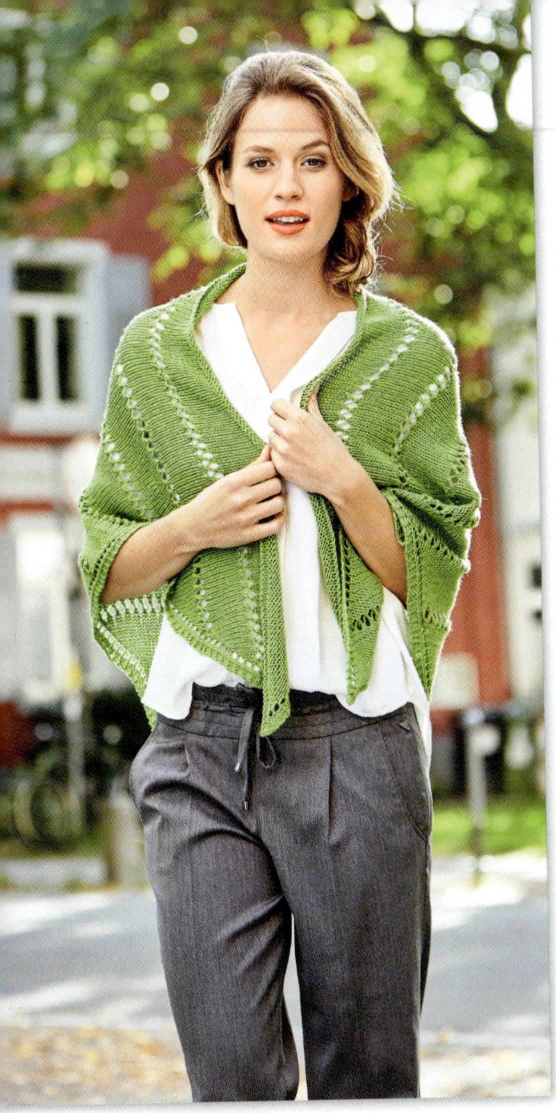

8. Reihe: 3 Randmaschen, 8 Maschen links, 3 Randmaschen.

Nach diesem Prinzip mit den Zunahmen fortfahren bis zu einer Gesamthöhe von ca. 8 cm. Jetzt folgen die ersten Lochmusterreihen, die wie folgt gestrickt werden:

1. Reihe (= Hinreihe): 3 Randmaschen, 1 Masche rechts, 1 Umschlag, 1 Masche links, * 1 Umschlag, 2 Maschen links zusammenstricken, ab * stets wiederholen, bis zu den letzten 5 Maschen, 1 Masche links, 1 Umschlag, 1 Masche rechts, 3 Randmaschen.

2. Reihe (= Rückreihe): 3 Randmaschen, 3 Maschen links, * 1 Umschlag, 2 Maschen links zusammenstricken, ab * stets wiederholen, bis zu den letzten 6 Maschen, 3 Maschen links, 3 Randmaschen.

Nach den beiden Lochmusterreihen folgen wieder die Zunahmereihen. Diese fortführen und alle 6–8 cm die Lochmusterreihen stricken. Auf diese Weise fortfahren, bis ca. 9 Musterreihen gestrickt sind. Wer das Tuch größer mag, strickt nach diesem Prinzip weiter, bis die gewünschte Breite erreicht ist. Nach der letzten Lochmusterreihe noch 6–8 cm glatt rechts mit Zunahmen arbeiten.

Letzte Hinreihe: Alle Maschen links stricken ohne Zunahmen.

Letzte Rückreihe: Alle Maschen rechts stricken. Anschließend alle Maschen abketten.

Fertigstellung: Das Tuch im Wollwaschgang waschen, spannen und vollständig trocknen lassen. Alle Fäden vernähen.

Summerfeeling

Poncho mit Ajour- und falschem Zopfmuster im Farbverlauf ***

Einheitsgröße S–L

Material

- Woll Butt „Batia" (100 % Baumwolle, Lauflänge ca. 210 m/50 g): 200 g Lagune-Color
- Rundstricknadel Nr. 4,5
- Maschenmarkierer

Perlmuster: ungerade Maschenzahl: 1 Masche rechts, 1 Masche links im Wechsel stricken, enden mit 1 Masche rechts.

Perlmusterrand über 6 Maschen: In **Hin- und Rückreihe am Reihenanfang** 1 Masche rechts, 1 Masche links im Wechsel, **am Reihenende** 1 Masche links, 1 Masche rechts im Wechsel stricken.

Glatt rechts: Hinreihe rechte Maschen, Rückreihe linke Maschen stricken.

Ajourmuster über 23 Maschen: Laut Strickschrift A arbeiten. Es sind die Hin- und Rückreihen gezeichnet. Die 1.–14. Reihe stets wiederholen.

Zopfmuster über 7 Maschen: Laut Strickschrift B arbeiten. Es sind die Hin- und Rückreihen gezeichnet. Die 1.–14. Reihe stets wiederholen.

Maschenprobe im Ajourmuster: 18 Maschen und 31 Reihen = 10 x 10 cm (nach dem Spannen)

So wird's gemacht

Es werden zwei Rechtecke in Reihen von unten nach oben gestrickt.

Für das erste Rechteck 73 Maschen anschlagen und 8 Reihen im Perlmuster stricken. Anschließend die 73 Maschen wie folgt einteilen, dabei zwischen den verschiedenen Musterabschnitten Maschenmarkierer setzen, 6 Maschen Perlmusterrand (mit 1 Masche rechts beginnen), 2 Maschen glatt rechts, 23 Maschen Ajourmuster nach Strickschrift A, 2 Maschen glatt rechts, 7 Maschen Zopfmuster nach Strickschrift B, 2 Maschen glatt rechts, 23 Maschen Ajourmuster nach Strickschrift A, 2 Maschen glatt rechts, 6 Maschen Perlmusterrand (mit 1 Masche links beginnen).

In dieser Mustereinteilung stricken, bis Ajour- und Zopfmuster 14 x gearbeitet sind (= 196 Reihen). Dann wieder 8 Reihen im Perlmuster stricken. Alle Maschen im Muster abketten.

Für das zweite Rechteck ebenfalls 73 Maschen anschlagen. 8 Reihen im Perlmuster stricken, dann 196 Reihen glatt rechts arbeiten, dabei jedoch die ersten und letzten 6 Maschen jeder Reihe als Perlmusterrand stricken. Zum Schluss wieder 8 Reihen im Perlmuster stricken. Anschließend alle Maschen im Muster abketten.

Fertigstellung: Die Strickstücke mit der Hand waschen, spannen und vollständig trocknen lassen. Die Rechtecke sind nach dem Spannen etwa 40 cm breit und 68 cm hoch. Die Anschlagkante des zweiten Rechtecks an die rechte untere Seitenkante des ersten Rechtecks legen und festnähen. Die Abkettkante des ersten Rechtecks an die linke obere Seitenkante des zweiten Rechtecks nähen. Alle Fäden vernähen.

Nun für die Fransen Fäden von etwa 20 cm Länge zuschneiden, dabei möglichst Fäden von jeder der drei Farben im Verlaufsgarn (Grün, Gelb, Violett) zuschneiden. Pro Franse einen Faden von jeder Farbe nehmen und die Fransen etwa im Abstand von 1 cm in die Kante einknüpfen (siehe Grundkurs, Seite 45). Falls nötig die Fransen auf eine Länge schneiden.

Schnittzeichnung

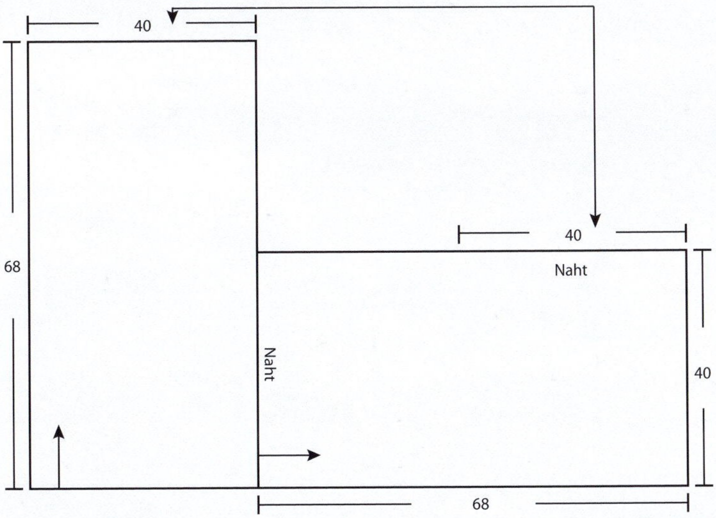

Strickschrift B

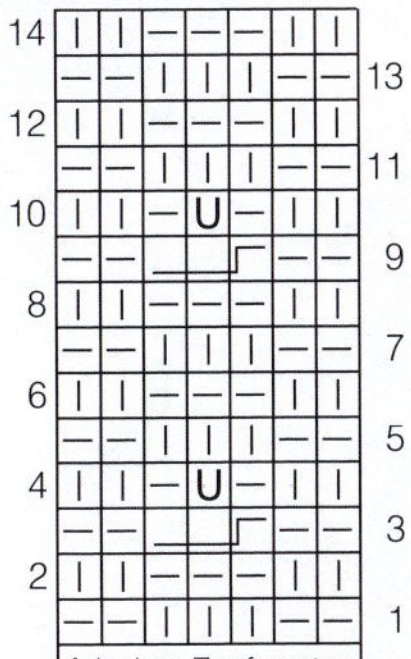

falsches Zopfmuster über 7 Maschen

Strickschrift A

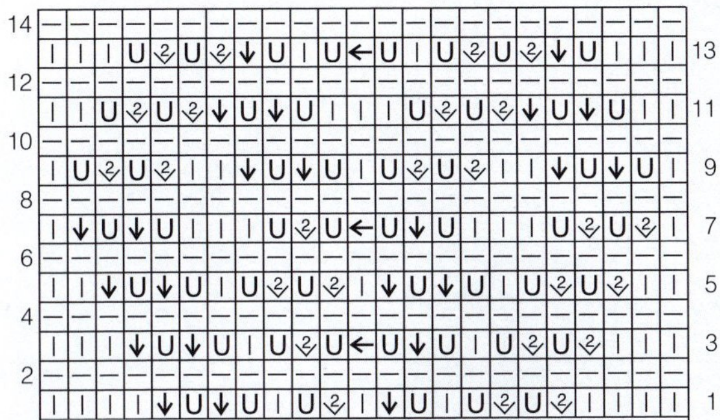

Ajourmuster über 23 Maschen

Zeichenerklärung

| = 1 Masche rechts

– = 1 Masche links

⩗ = 2 Maschen rechts zusammenstricken

U = 1 Umschlag

↓ = 1 einfacher Überzug: 1 Masche rechts abheben, die nächste Masche rechts stricken, dann die abgehobene Masche überziehen

← = 1 doppelter Überzug: 1 Masche rechts abheben, 2 Maschen rechts zusammenstricken, dann die abgehobene Masche überziehen

= 1 Masche rechts abheben, 2 Maschen rechts stricken, dann die abgehobene Masche über die beiden rechts gestrickten Maschen ziehen

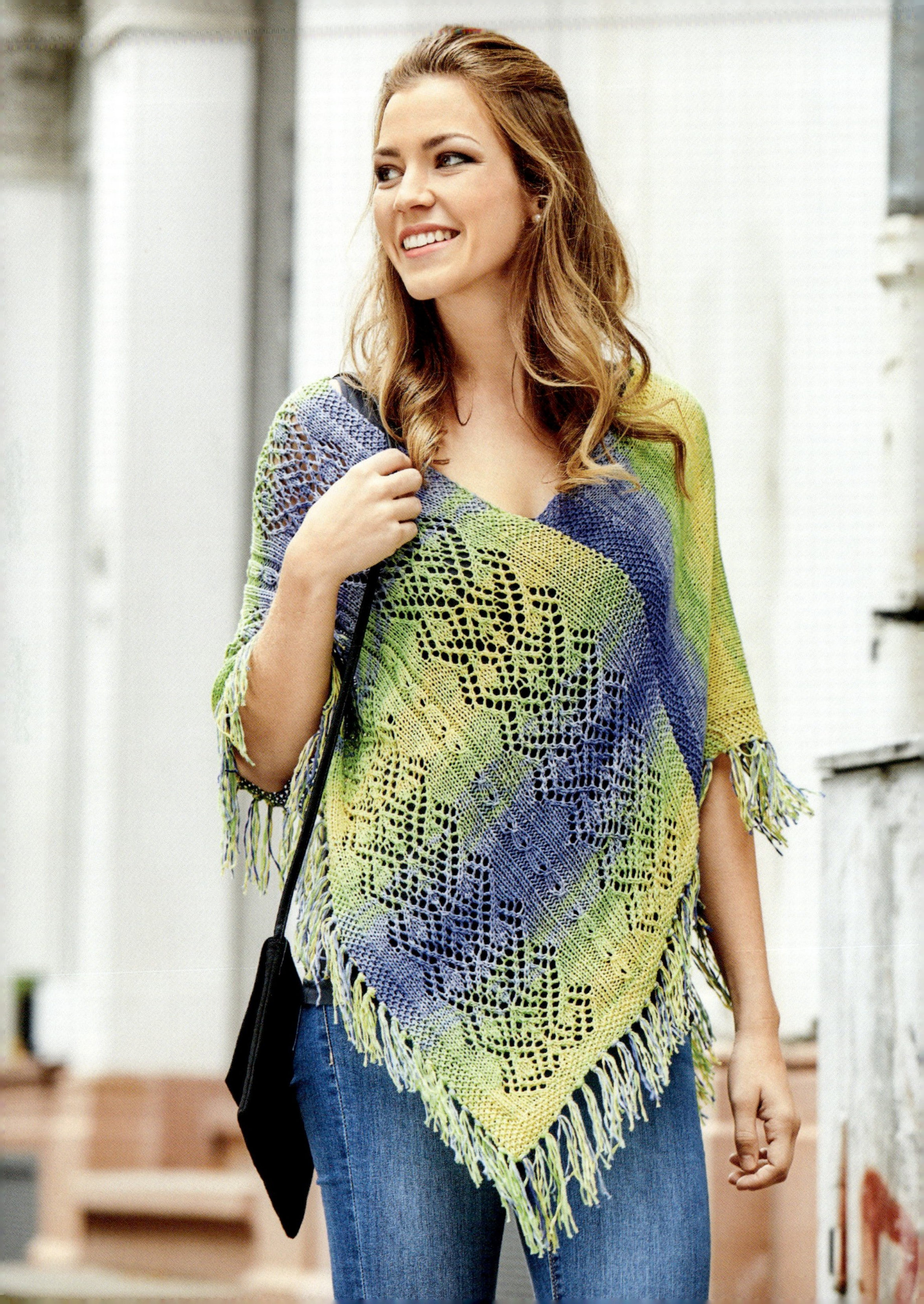

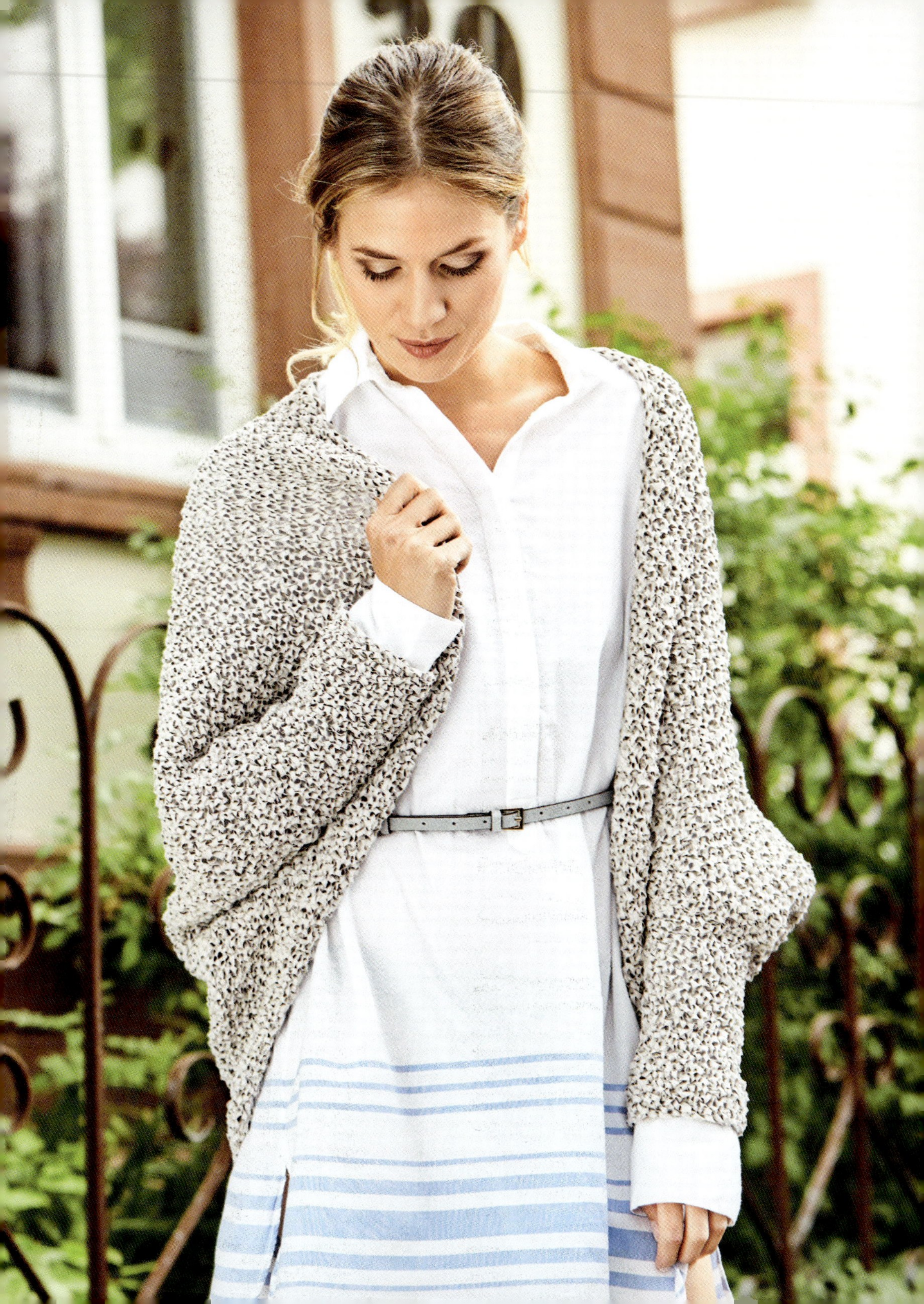

Kuschelweich

Shrug im Leder-Look *

Einheitsgröße S–L

Material

- Lana Grossa „Alcanto“ (70 % Polyester, 30 % Polyamid, Lauflänge ca. 125 m/50 g): 350 g Braun
- Rundstricknadel Nr. 7

Randmaschen: Der Patentrand wird über die ersten und die letzten 3 Maschen jeder Reihe gestrickt. In der **Hinreihe am Reihenanfang:** 1 Masche rechts verschränkt, 1 Masche abheben, dabei den Faden vor der Arbeit weiterführen, 1 Masche rechts stricken; **am Reihenende:** 1 Masche rechts, 1 Masche abheben, dabei den Faden vor der Arbeit weiterführen, 1 Masche rechts stricken. In der **Rückreihe am Reihenanfang:** 1 Masche abheben, dabei den Faden vor der Arbeit weiterführen, 1 Masche rechts, 1 Masche abheben, dabei den Faden vor der Arbeit weiterführen; **am Reihenende:** 1 Masche abheben, dabei den Faden vor der Arbeit weiterführen, 1 Masche rechts, 1 Masche abheben, dabei den Faden vor der Arbeit weiterführen.

Grundmuster: großes Perlmuster, Maschenzahl teilbar durch 2.

1. Reihe: 1 Masche rechts, 1 Masche links im Wechsel stricken.

2. Reihe: 1 Masche rechts, 1 Masche links im Wechsel stricken.

3. Reihe: 1 Masche links, 1 Masche rechts im Wechsel stricken.

4. Reihe: 1 Masche links, 1 Masche rechts im Wechsel stricken.

Die 1.–4. Reihe stets wiederholen.

Maschenprobe im Grundmuster: 12,5 Maschen und 10 Reihen = 10 x 10 cm

So wird's gemacht

Es wird in Reihen gestrickt, begonnen wird an einer Seite.

106 Maschen anschlagen. Zwischen den Randmaschen im Grundmuster bis zu einer Höhe von etwa 100 cm stricken. Anschließend alle Maschen abketten.

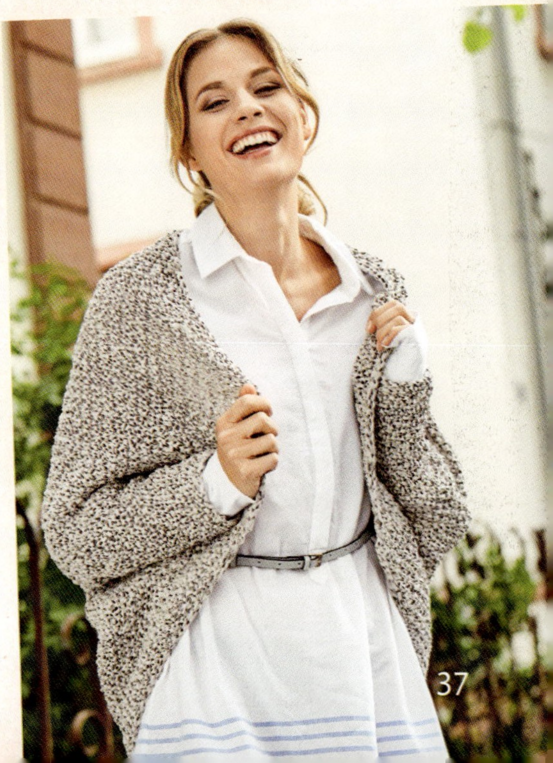

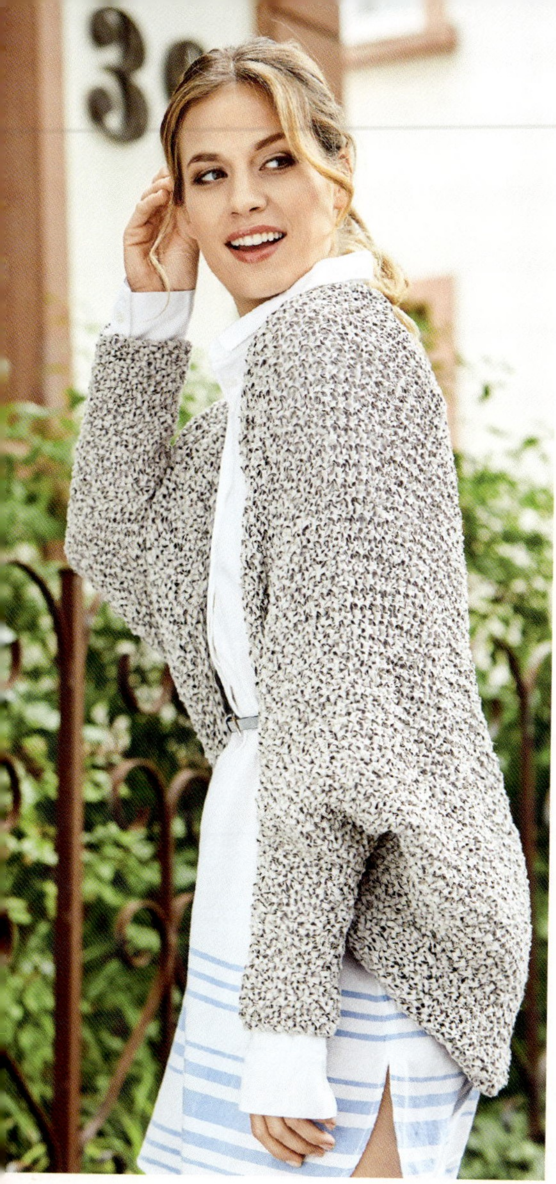

Fertigstellung: Alle Fäden vernähen. Das Strickstück der Länge nach zur Hälfte legen. Es entsteht ein Rechteck von ca. 100 cm Breite und ca. 42 cm Höhe. Für die Ärmel an den Armausschnitten auf beiden Seiten der oberen Mitte über etwa 15 cm 30 Maschen auffassen. Eine Rückreihe linke Maschen stricken, dann im Grundmuster arbeiten. Nach ca. 20 cm Ärmellänge alle Maschen im Muster abketten. Die untere Ärmelnaht und die anschließende Seitennaht schließen.

Schnittzeichnung

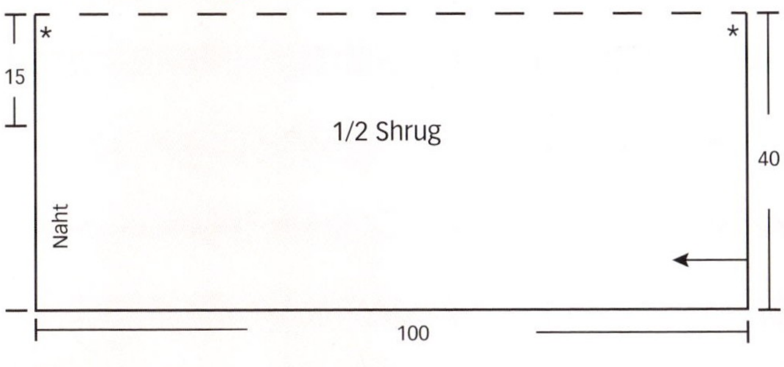

Hübsch umstrickt

Poncho mit dekorativem Zopf *

Einheitsgröße S–L

Material

- Schachenmayr „Merino Extrafine 40" (100 % Schurwolle, Lauflänge ca. 40 m/50 g): 300 g Hellgrau meliert
- Schachenmayr „Fashion Mouliné Art" (55 % Polyacryl, 45 % Schurwolle, Lauflänge ca. 55 m/50 g): 250 g Jeans-Color
- Rundstricknadel Nr. 8
- Zopfnadel
- Maschenmarkierer

Grundmuster: Maschenzahl teilbar durch 2.

1. Runde: In Jeans-Color alle Maschen rechts stricken.

2. Runde: In Hellgrau meliert 1 Masche rechts und 1 Masche links im Wechsel stricken.

3. Runde: In Jeans-Color alle Maschen rechts stricken.

4. Runde: In Hellgrau meliert 1 Masche links und 1 Masche rechts im Wechsel stricken.

Die 1.–4. Runde stets wiederholen.

Zopfmuster über 12 Maschen:

1. Runde: 3 Maschen links, 6 Maschen rechts, 3 Maschen links stricken.

2. Runde: 3 Maschen links, 6 Maschen rechts, 3 Maschen links stricken.

3. Runde: 3 Maschen links, 3 Maschen auf einer Zopfnadel vor die Arbeit legen, 3 Maschen rechts stricken, dann die 3 Maschen der Zopfnadel rechts stricken, 3 Maschen links stricken.

4. Runde: 3 Maschen links, 6 Maschen rechts, 3 Maschen links stricken.

Die 1.–4. Runde stets wiederholen.

Maschenprobe im Grundmuster: 10 Maschen und 15 Reihen = 10 x 10 cm

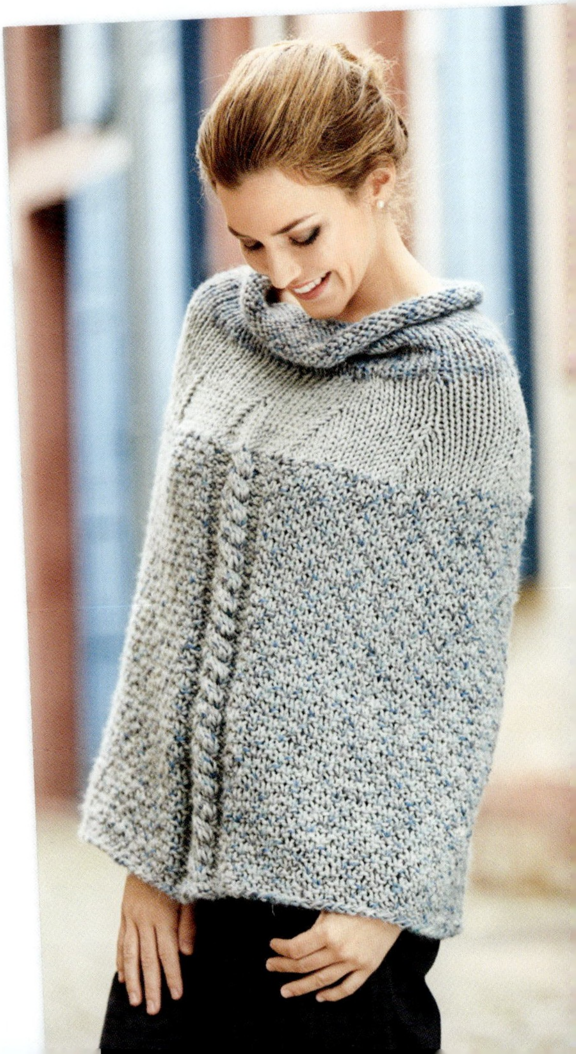

So wird's gemacht

Es wird in Runden von unten nach oben gestrickt. 120 Maschen in Jeans-Color anschlagen, die Arbeit zur Runde schließen und den Rundenbeginn mit einem Maschenmarkierer kennzeichnen. Über die ersten 12 Maschen jeder Runde das Zopfmuster stricken, danach einen weiteren Maschenmarkierer setzen. Über die folgenden Maschen im Grundmuster stricken. Beim Farbwechsel in jeder Runde die Fäden einmal hinten verkreuzen, so entstehen keine Löcher. Die 1.–4. Runde des Zopf- und Grundmusters insgesamt 20 x stricken. Anschließend in Hellgrau meliert weiterarbeiten. Zunächst 3 Runden rechte Maschen stricken. In der folgenden Runde (= 1. Abnahmerunde) alle Maschen rechts stricken, dabei jede 11. und 12. Masche rechts zusammenstricken (= 110 Maschen). In der folgenden Runde rechte Maschen ohne Abnahmen stricken.

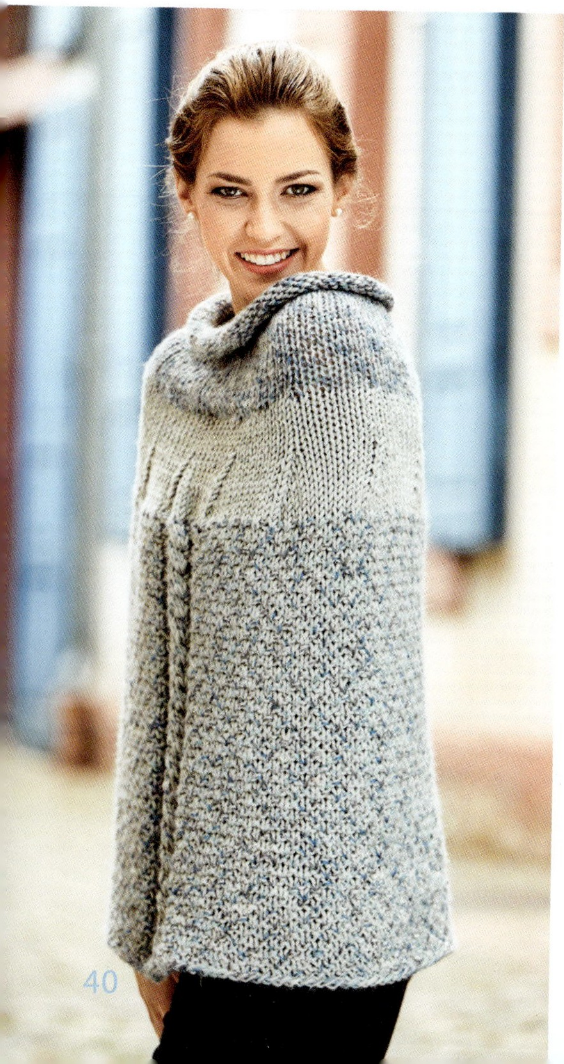

Mit den Abnahmen wie folgt fortfahren:

2. Abnahmerunde: Jede 10. und 11. Masche rechts zusammenstricken (= 100 Maschen).

Dann 1 Runde rechte Maschen ohne Abnahmen stricken.

3. Abnahmerunde: Jede 9. und 10. Masche rechts zusammenstricken (= 90 Maschen).

Dann 1 Runde rechte Maschen ohne Abnahmen stricken.

4. Abnahmerunde: Jede 8. und 9. Masche rechts zusammenstricken (= 80 Maschen).

Weitere 7 Runden rechte Maschen ohne Abnahmen stricken.

Jetzt mit Jeans-Color weiterarbeiten. Zunächst 1 Runde rechte Maschen stricken, dann eine letzte Abnahmerunde arbeiten: Jede 7. und 8. Masche rechts zusammenstricken (= 70 Maschen). Weitere 25 Runden rechte Maschen stricken. Anschließend alle Maschen abketten.

Fertigstellung: Alle Fäden vernähen.

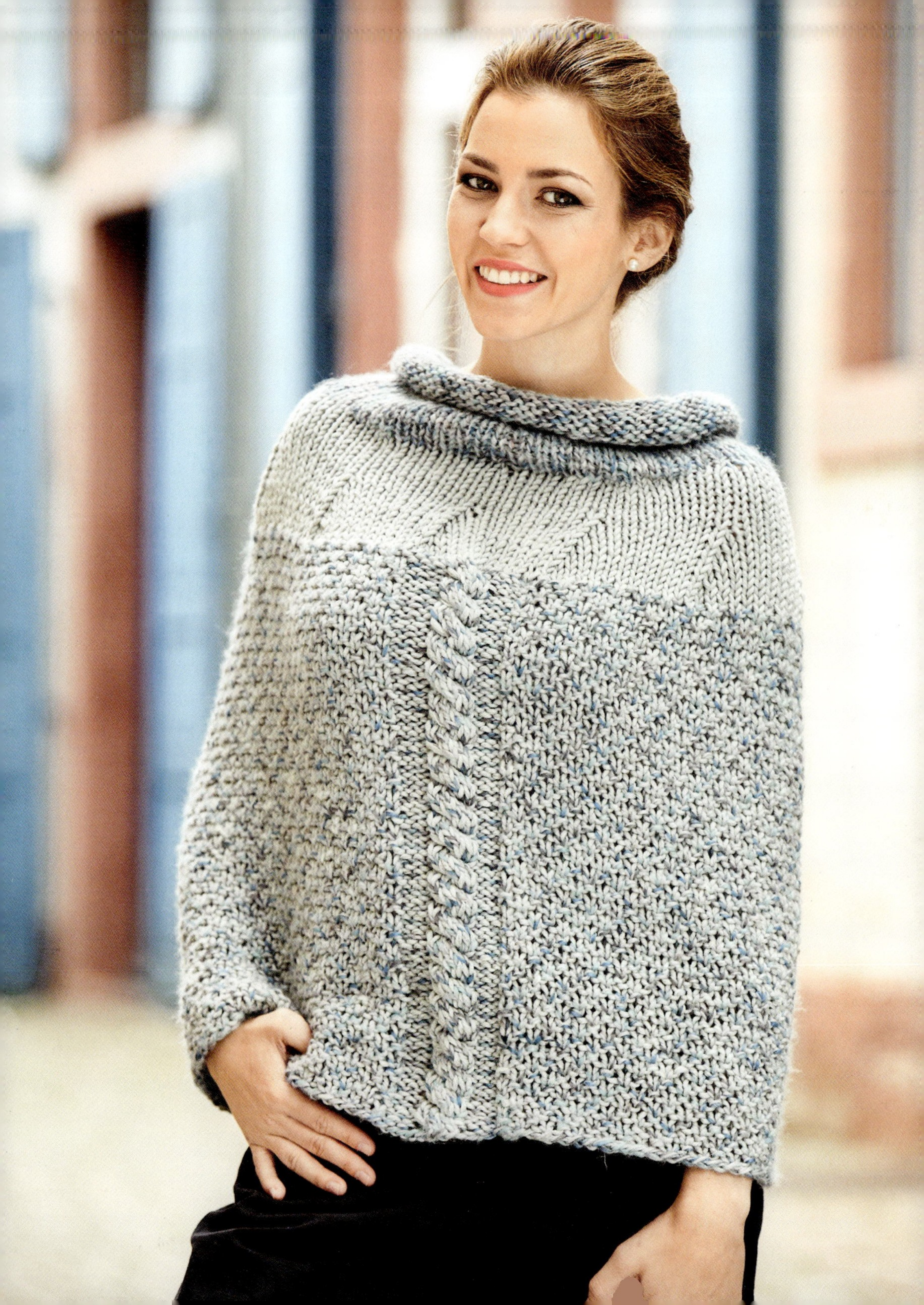

Grundkurs Stricken

Umschlag

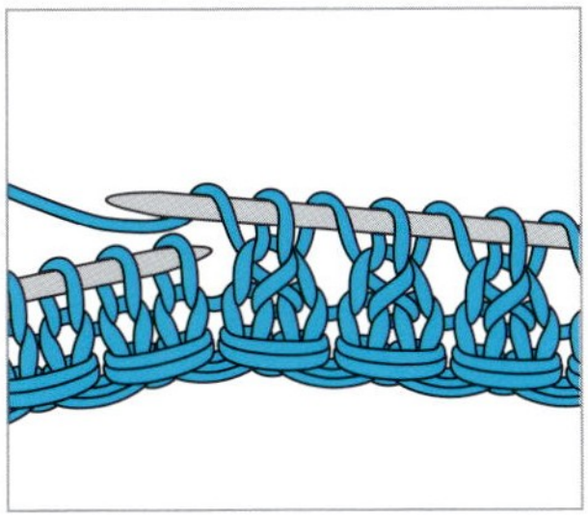

Den Faden von vorne nach hinten über die rechte Nadel legen. Danach weiter nach Anleitung stricken. In der Rückreihe werden Umschläge wie normale Maschen gestrickt; dadurch entsteht dann ein Loch.

2 Maschen rechts zusammenstricken

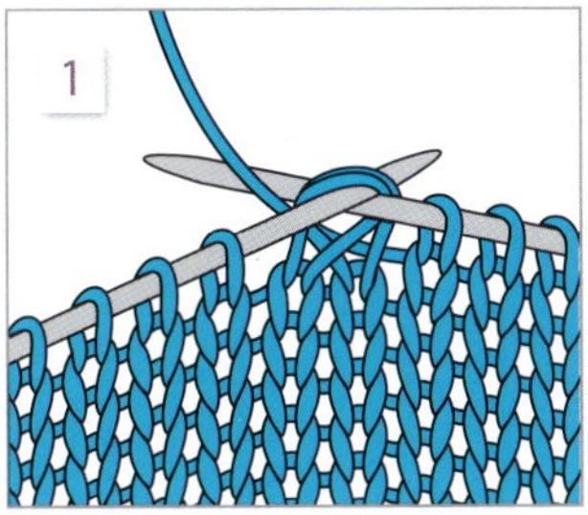

Den Faden hinter die Arbeit legen. Mit der rechten Nadel von links nach rechts durch beide Maschen stechen.

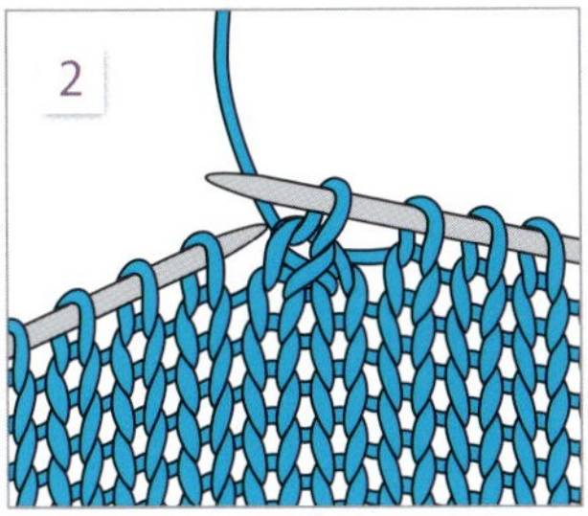

Den Faden durchholen und die Maschen von der linken Nadel gleiten lassen.

2 Maschen links zusammenstricken

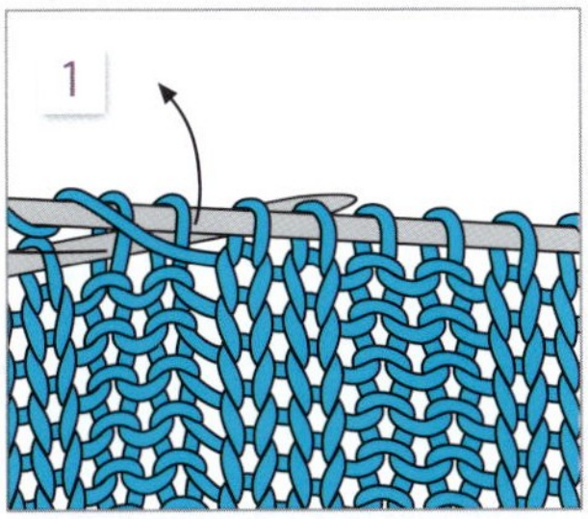

Den Faden vor die Arbeit legen. Mit der rechten Nadel von rechts nach links durch beide Maschen stechen.

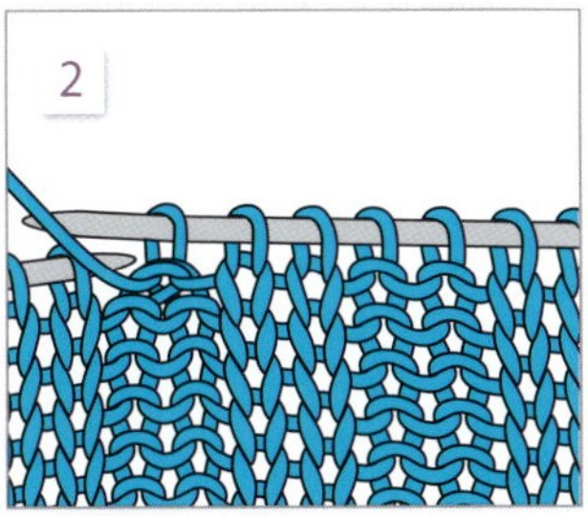

Den Faden durchholen und die Maschen von der linken Nadel gleiten lassen.

2 Maschen zusammenstricken mit Linksneigung (engl. ssk = slip, slip, knit)

Wie zum Rechtsstricken in die nächste Masche einstechen und die Masche abheben. Noch eine weitere Masche ebenso auf die rechte Nadel abheben. Nun mit der linken Nadel in beide Maschen von links einstechen und mit der rechten Nadel den Faden durchholen.

Einfacher Überzug

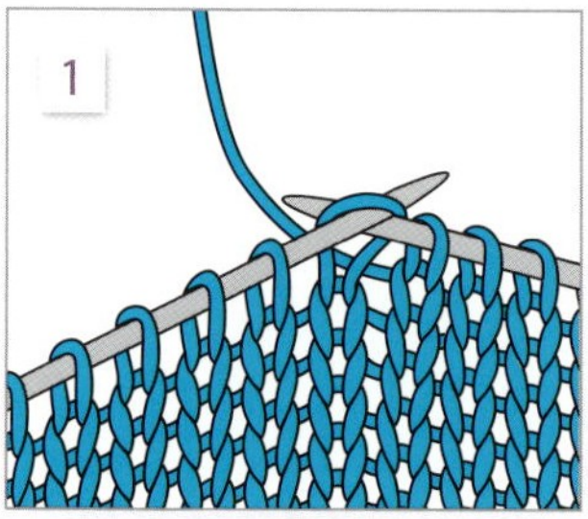

2 Maschen überzogen zusammenstricken: 1 Masche wie zum Rechtsstricken abheben.

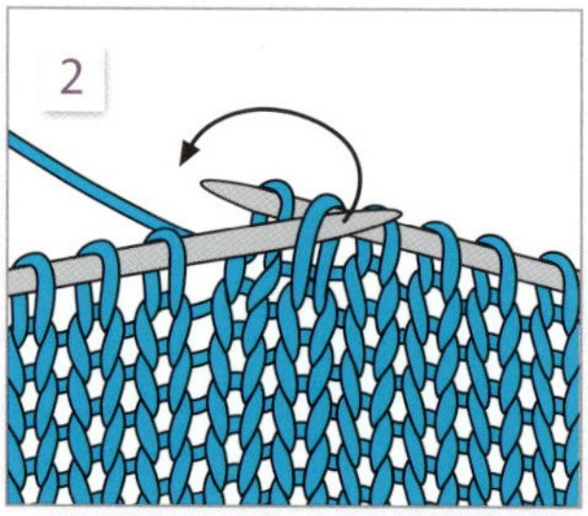

Die folgende Masche rechts stricken und die abgehobene Masche darüberziehen.

1 Masche verdoppeln

Aus 1 Masche 2 Maschen herausstricken: Wie zum Rechtsstricken in die Masche einstechen und den Faden holen. Die Masche noch nicht von der linken Nadel gleiten lassen, sondern noch einmal einstechen, dieses Mal von hinten (rechts verschränkt) und den Faden holen, dann die Masche von der Nadel gleiten lassen.

Doppelter Überzug

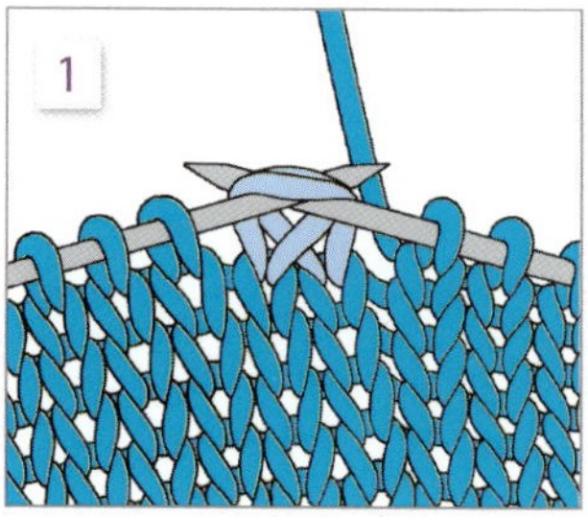

2 Maschen zusammen wie zum Rechtsstricken abheben.

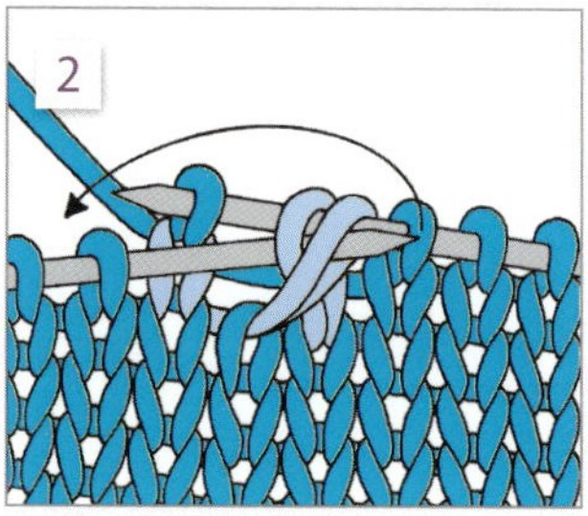

Die folgende Masche rechts stricken, dann die abgehobenen Maschen darüberziehen.

Rechts verschränkte Masche

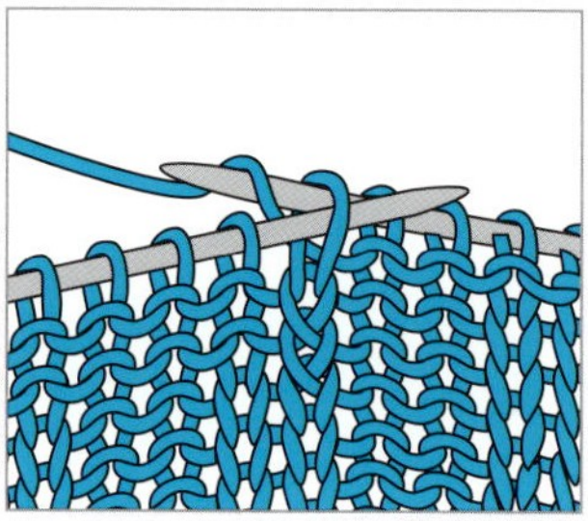

Von vorn nach hinten in das hintere Maschenglied einstechen und wie beim Rechtsstricken weiterarbeiten.

Grundkurs Stricken

Verzopfung nach links

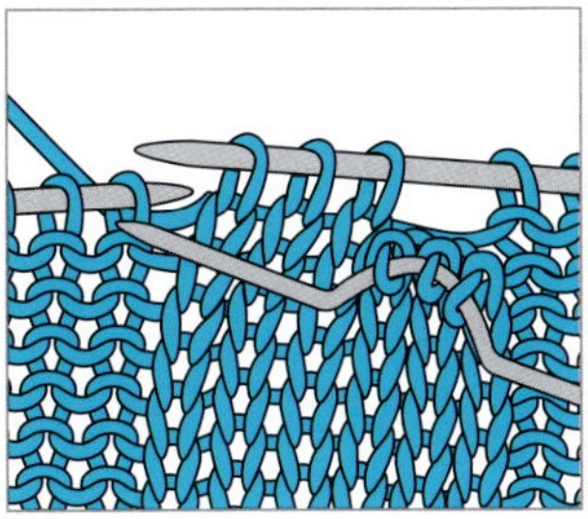

3 Maschen auf eine Zopfnadel nehmen und vor die Arbeit legen. Die folgenden 3 Maschen der linken Nadel rechts stricken, dann die 3 Maschen der Zopfnadel rechts stricken.

Maschen auffassen

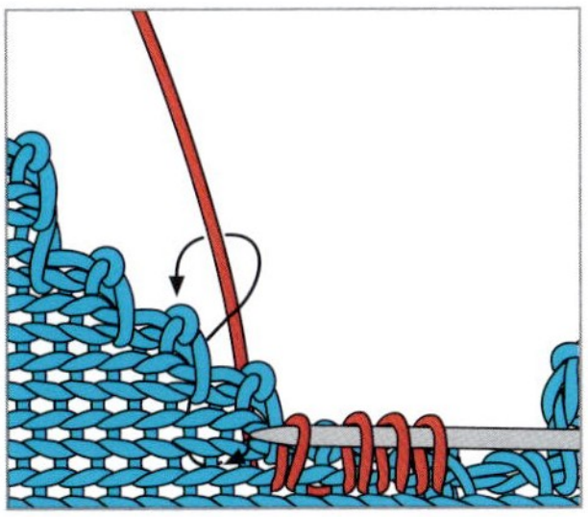

Werden die Maschen am **Reihenanfang oder -ende** aufgefasst, mit der Nadel das außen liegende Maschenglied der 1. Masche nach der Randmasche erfassen und den Faden durchholen. Bei längeren Geraden ca. jede 4. Reihe übergehen.

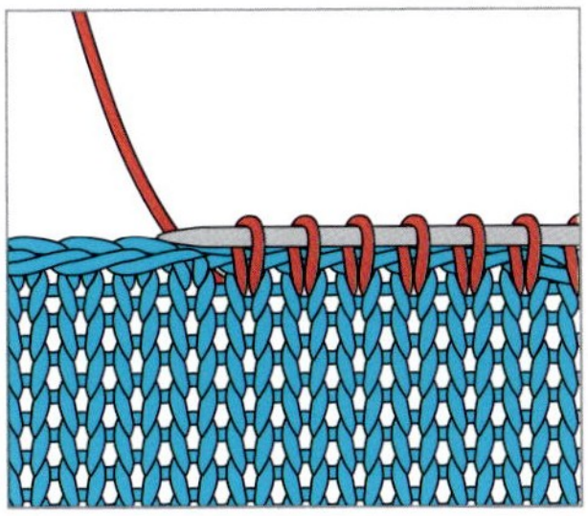

Werden die Maschen an der **Anschlag- oder Abkettkante** aufgefasst, in die Masche unterhalb der Kante einstechen und den Faden durchholen. Hier wird aus jeder Masche eine Masche herausgestrickt.

Fäden vernähen am Rand

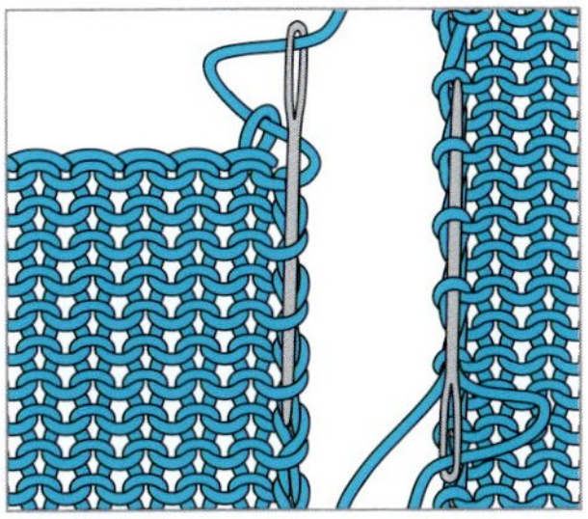

Die Fadenenden in eine stumpfe Wollnadel fädeln und in die Randmaschen einziehen, dabei einen Faden nach oben, den anderen nach unten ziehen. Bei zusammengenähten Strickteilen die Fäden in die Naht einziehen.

Matratzenstich

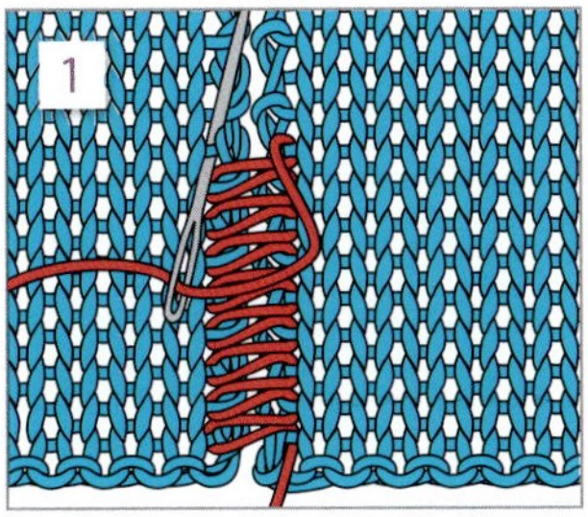

Beide Teile mit der Vorderseite nach oben parallel nebeneinanderlegen; Ärmelschrägungen parallel gegeneinanderlegen. Mit der Nadel den Querfaden zwischen Randmasche und 1. Masche erfassen, Faden durchziehen. Auf der anderen Seite den gegenüberliegenden Querfaden zwischen Randmasche und 1. Masche erfassen, Faden durchziehen.

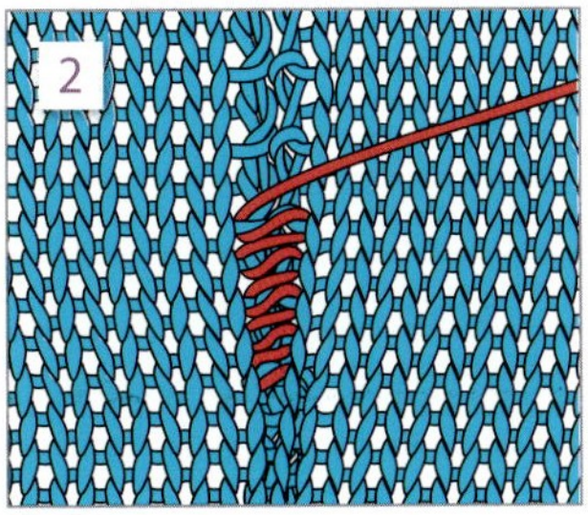

Diesen Vorgang abwechselnd einmal auf der einen, dann auf der anderen Seite wiederholen. Nach ca. 2 cm den Arbeitsfaden anziehen, damit sich die Strickteile übergangslos aneinanderfügen.

Maschenstich-Naht

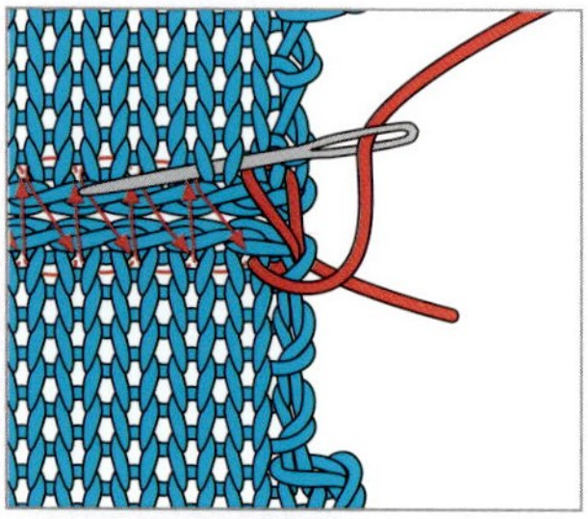

Teile mit der Vorderseite nach oben gegeneinanderlegen. Mit der Nadel 1 Masche des oberen Teils erfassen, Faden durchziehen, gegenüberliegende Masche des unteren Teils erfassen, Faden durchziehen.

Fransen einknüpfen

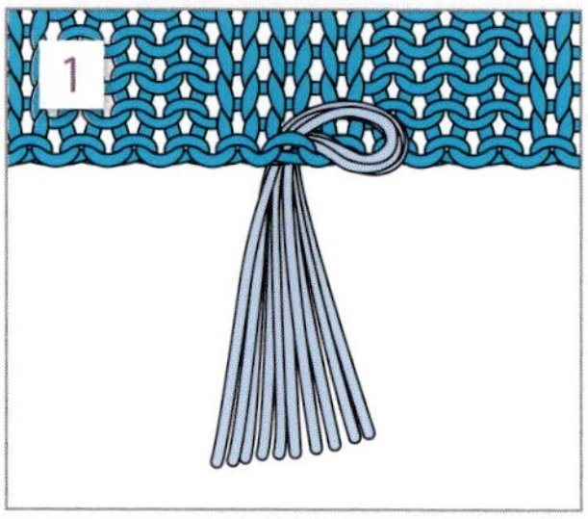

Fäden laut Anleitung zuschneiden. Auf der Rückseite der Arbeit mit der Häkelnadel an der gewünschten Stelle in das Gestrick einstechen. Die Fäden mit der Häkelnadel in der Mitte fassen und alle zusammen durch das Gestrick ziehen, sodass eine Schlinge entsteht.

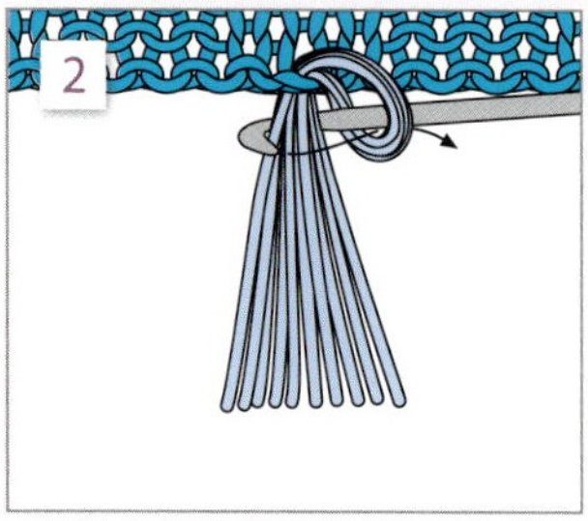

Mit der Häkelnadel durch die Schlinge stechen, alle Fäden fassen und durchziehen. Dann alle Fäden zusammen anziehen und so die Schlinge zuziehen. Fäden gleichmäßig zurückschneiden.

Eine Quaste herstellen

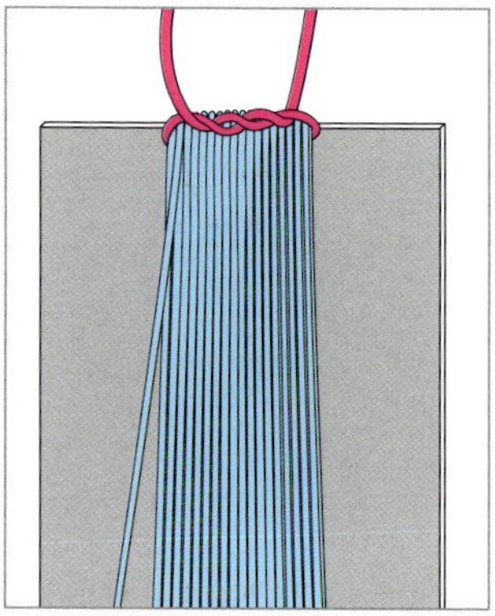

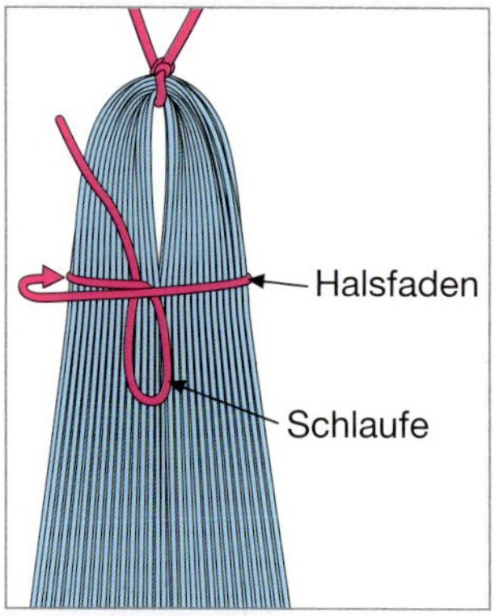

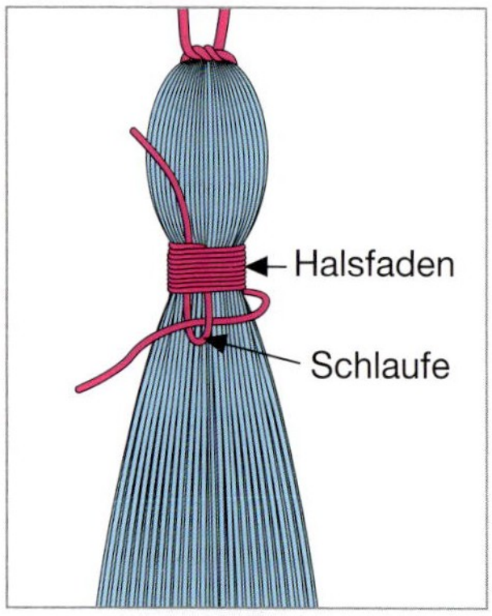

Ein Rechteck aus Karton zuschneiden – die Längskante entspricht der Länge der späteren Quaste. Einen 10 cm langen Faden über den Karton an die obere Kante legen. Dann den Faden mehrfach um die lange Seite des Kartons wickeln. Anschließend die gewickelte Wolle mit dem Faden an der oberen Kante zusammenbinden und verknoten. Mit den Fadenenden wird die Quaste später angenäht. Die gewickelten Fäden mit einer Schere an der unteren Kante durchschneiden. Mit einem weiteren Fadenstück (Halsfaden) das obere Drittel abbinden und eine Schlaufe bilden. Die Quaste mehrfach umwickeln und dann den Faden durch die Schlaufe führen und festziehen. Die Fadenenden gut verknoten. Bei Bedarf die Wollenden in der gleichen Länge abschneiden.

Impressum

Entwürfe, Realisation und Text: Ines Kollwitz

Redaktion: Theresa Peter

Lektorat: Regina Sidabras

Fotos und Styling: Florian Bilger Fotodesign

Strickschriften: www.heydesign.de

Umschlaggestaltung: GrafikwerkFreiburg

Umschlag innen: ©iStockphoto.com/evdakovka

Gestaltung und Satz: www.heydesign.de

Repro: RTK & SRS mediagroup GmbH

Printed in Slovenia by Florjancic

★★★★★

Sind Sie mit diesem Titel zufrieden? Dann würden wir uns über Ihre Weiterempfehlung freuen. Erzählen Sie es im Freundeskreis, berichten Sie Ihrem Buchhändler oder bewerten Sie bei Onlinekauf. Und wenn Sie Kritik, Korrekturen, Aktualisierungen haben, freuen wir uns über Ihre Nachricht an Christian Verlag, Postfach 40 02 09, D-80702 München oder per E-Mail an lektorat@verlagshaus.de.

Unser komplettes Programm finden Sie unter

www.christophorus-verlag.de

Herstellerverzeichnis

- Buttinette, www.buttinette.com
- Katia, www.katia.com
- Lana Grossa, www.lanagrossa.de
- Lang Yarns, www.langyarns.com
- Schachenmayr, www.schachenmayr.com

Dank der Autorin

Ich wollte schon immer ein Buch schreiben … Dass es jetzt ein Strickbuch geworden ist, war nicht geplant, macht mich aber umso stolzer. Ohne die Unterstützung meiner Familie wäre dies auch nicht möglich gewesen, ganz lieben Dank an euch!

Die Deutsche Nationalbibliothek verzeichnet diese Publikation in der Deutschen Nationalbibliografie; detaillierte bibliografische Daten sind im Internet über http://dnb.d-nb.de abrufbar.

ISBN 978-3-8410-6475-2

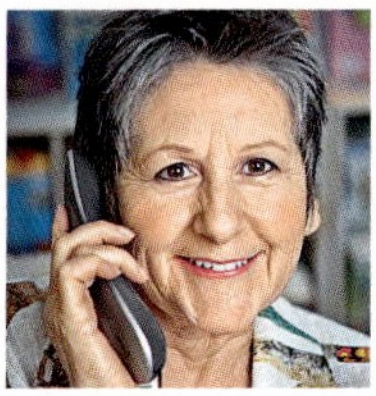

Kreativ-Service

Sie haben Fragen zu den Büchern und Materialien? Frau Erika Noll ist für Sie da und berät Sie rund um alle Kreativthemen. Rufen Sie an! Wir interessieren uns auch für Ihre eigenen Ideen und Anregungen. Sie erreichen Frau Noll per E-Mail: **mail@kreativ-service.info** oder Tel.: **+49 (0) 5052 / 91 18 58**

Besuchen Sie uns im Internet: **www.christophorus-verlag.de**

GESTALTE DEINE WELT!

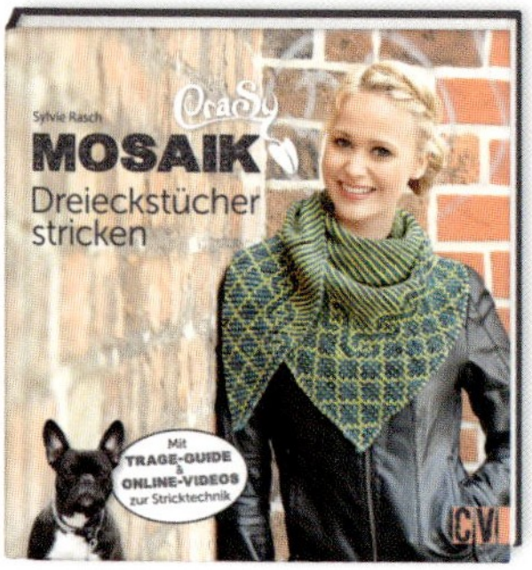

CraSy Mosaik
€ [D] 16,99 / € [A] 17,50*
ISBN 978-3-8410-6459-2

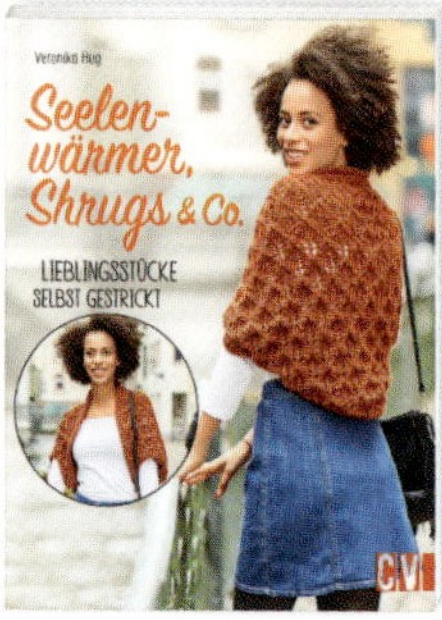

Seelenwärmer, Shrugs & Co.
€ [D] 9,99 / € [A] 10,30*
ISBN 978-3-8410-6377-9

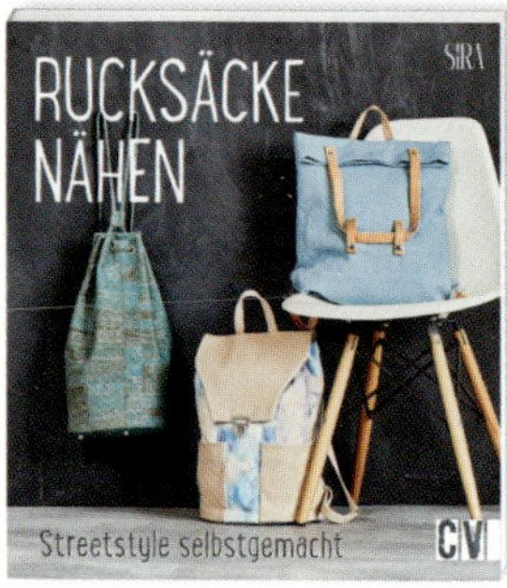

Rucksäcke nähen
€ [D] 14,99 / € [A] 15,50*
ISBN 978-3-8410-6451-6

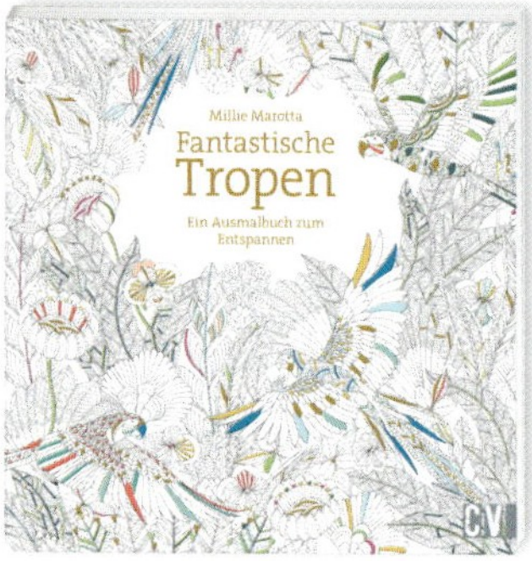

Fantastische Tropen
€ [D] 12,99 / € [A] 13,40*
ISBN 978-3-86230-323-6

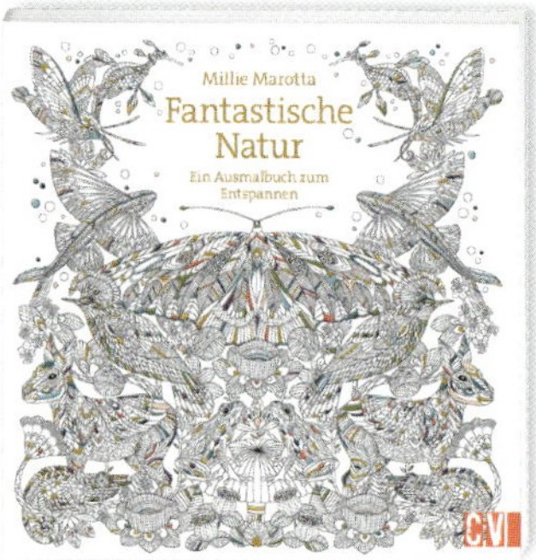

Fantastische Natur
€ [D] 12,99 / € [A] 13,40*
ISBN 978-3-86230-362-5

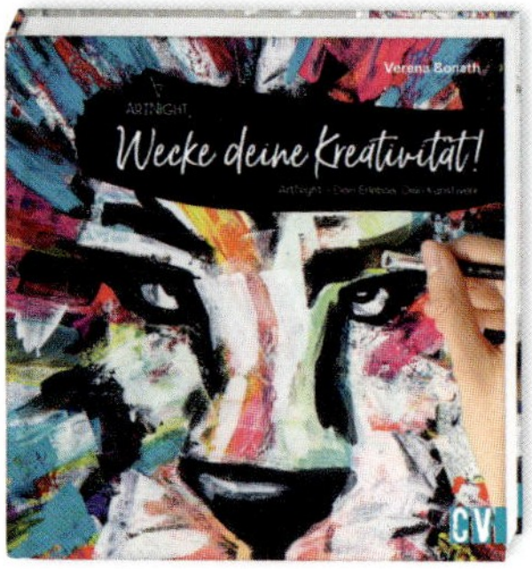

Wecke deine Kreativität!
€ [D] 19,99 / € [A] 20,60*
ISBN 978-3-86230-398-4

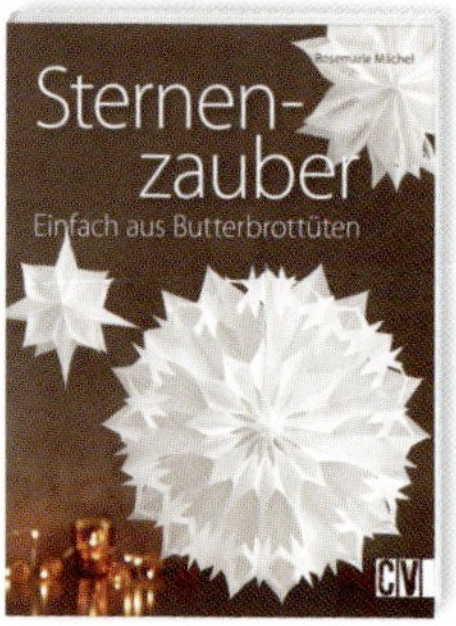

Sternenzauber
€ [D] 8,99 / € [A] 9,30*
ISBN 978-3-8388-3627-0

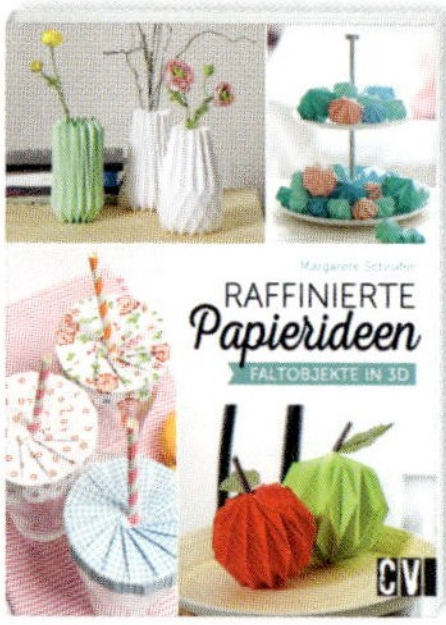

Raffinierte Papierideen
€ [D] 9,99 / € [A] 10,30*
ISBN 978-3-8388-3608-9

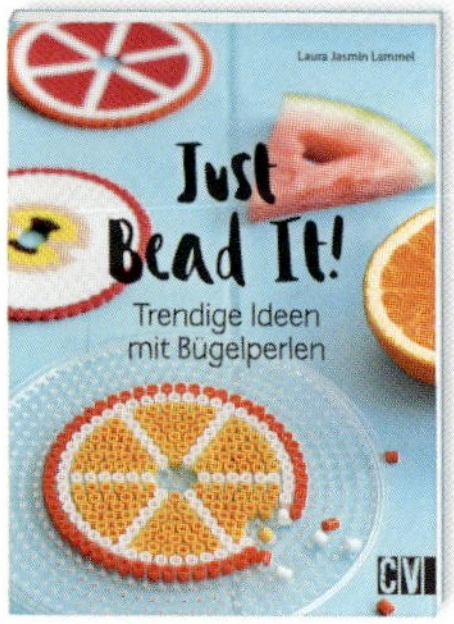

Just Bead It!
€ [D] 9,99 / € [A] 10,30*
ISBN 978-3-8388-3666-9

*vom österreichischen Importeur preisgebunden